# 自治
## 是原住民族的唯一活路

**Klahang Nanaq**
**Yasa Pqyanux Qnxan Tayal**

布興・大立 著

2008.07.31~08.01
布興在「台灣原住民族群自治運動研討會」假玉山神學院舉辦演
講。

2008.07.31~08.01
布興在「台灣原住民族群自治運動研討會」假玉山神學院舉辦演
講。

▲ 2008.03.11
守護台灣召集人全體合照——於總統府。

布興夫婦帶領學生參
加反亞泥侵占原住民
土地活動。

聲援司馬庫斯櫸木事件活動。左起：長女拉娃布興、優桂瓦旦傳
道、那莫赫逸幸牧師、布興夫婦。

2004.12.10
世界人權日。左起許世楷夫婦、布興，右一吳明義。

▲ 1999.10.28
　在台灣文化學院講述霧社事件。左起：許世楷夫婦、布興。

▲ 2001.02.03
　共同推動霧社事件研討會。左起施正鋒、布興、許世楷。

布興在日本參加東北亞神學教育協會，講述自治是原住民唯一的活路。左起林哲夫、黃伯和、布興，右四陳隆志、右二羅榮光。

2003.09.06
布興夫婦參加反侵
吞遊行活動。

1993.10.12
原住民女傳會長吾彼
盈麻賴動員原住民
女傳參加原住民人權
遊行活動。左為陳玉
蘭。

司馬庫斯的孩子們說
我們堅持要自治。

玉山神學院學生會總幹事，在司馬庫斯櫸木事件中，高聲
吶喊說：「土地是我們的母親。」

布興跟星歐拉姆牧師，聲援司馬庫斯櫸木事件。

【尤哈尼序】

# 讓我們回歸原住民族列祖列宗自治的懷抱

　　非常興奮深感榮幸，能為忠實益友布興大立院長的大作《自治是原住民族的唯一活路》（*Klahang Nanaq Yasa Pqyanux Qnxan Tayal*）寫序。這本書的書名實在定的超好，因為原住民族自治，對台灣原住民族來說，並不是什麼值得稀奇的新鮮事，亦不是什麼艱深的政治形態或社會模式理論，原住民族的老祖宗，早在他們的年代，沒有外來統治，就生活在自治的政治和社會實體中，很有尊嚴地自己管理自己，自己決定自己的命運與前途。

　　當台灣原住民族失去自治，對自治有所惶恐焦慮，並缺乏信心之際，布興大立院長卻排除眾議挺身而出，痛心疾首地力竭聲嘶《自治是原住民族的唯一活路》。從院長的文路思緒與脈絡，及筆墨的字裡行間，非常清楚地催逼著原住民族，立即著手進行兩項具體的行動，以還原住民族的自治：

　　一、意識覺醒：從失去自治的台灣原住民族情境中，覺醒掙脫束縛，回歸原住民族列祖列宗的自治懷抱。

　　二、整合戰鬥：團結原住民族，向剝奪和否定原住民族

自治的掠奪者宣戰。

　　布興大立院長一生努力奮鬥，在逆境中克服一切障礙，勇往直前。其力量完全得自於對上帝的委身，和對台灣土地與人民的熱愛，對教會與玉山神學院的使命，對原住民族的認同，對家庭的責任，及對朋友的忠實情懷。院長在艱苦環境中，獨立扶養二男三女，使個個都在事業學業各有所成。更使人敬佩的是，爲了原住民教會與社會發展，及原住民族神學教育提升，在扶養子女最艱困，及夫人健康不佳的雙重壓力下，咬緊牙關完成神學博士課程，獲取在台灣原住民族中，第一位取得正式的神學博士學位。

　　本人在擔任行政院原住民族委員會主任委員期間，正式於行政院提出原住民族自治議題，老實說，如果沒有布興大立院長，在學術上及在原住民社會實際的推動協助，恐怕原住民族自治運動早就胎死腹中。如今當原住民族自治的推動，正冷卻下滑之際，院長的原住民族自治大作，無異爲原住民族降下即時甘霖，並注入一針強心劑。《自治是原住民族的唯一活路》不僅有極高的學術價值，回歸原住民族歷史的主體，使之成爲台灣歷史與文化的根，這樣對原住民意識的覺醒與教育的提升，是值得台灣人民人手一冊的佳書，特此鄭重推薦廣爲宣傳。我們也熱切期待，台灣原住民族自治早日實現臨到。HO！HO！HO！

尤哈尼・伊斯卡卡夫特
中華民國駐斐濟商務代表團代表(大使)
2008年9月20日於Suva首都

【星歐拉姆序】

# 自治之路──即是不歸路

能為Pusin Tali博士《自治是原住民族的唯一活路》（*Klahang Nanaq Yasa Pqyanux Qnxan Tayal*）大作寫序是我的榮幸。

Pusin院長是我台南神學院優秀的學弟，也是我的雅耐（Yanay），他一生過著讀書養家艱辛的生活，是一位名符其實的Doing by learning 的 Doing theologian。他是現任玉山神學院院長，台灣正牌本土產的神學博士。過去，假如他接受我的建議，博士論文以泰雅爾族語撰寫完成，他就破天荒成為道地的本土神學家。可惜，未能擺脫漢人沙文主義的框架與宰制，其因之一，就是原住民族的語言文化未能自治有關吧！

「自治是原住民族的唯一活路」這一本書，大部分是院長在各種研討會的講稿與學術性報告的文集，也是聯合國從1993年起十年定為「世界原住民年」以自治為主題的文稿。本書具有原住民二、三十年來社會運動的精神、奮鬥與意志力，也是在紀錄原住民追求民族自治的一本書，更是台灣基督長老教會原宣與玉山神學院校友如何始終如一的推動原住民自治，值得推薦給原住民族及讀者的原住民族自治研究的

書。尤其是，在聯合國於2007年9月13日通過「聯合國原住民族權利宣言」，即滿一週年出版這一本書，是深具台灣原住民族堅持原住民族自治的意義。

　　「自治」不是說說就可以自治，必須付出相當的代價。講起台灣原住民族之自治議題，就是唯一的活路。院長為什麼如此大膽地說呢？因為原住民族不自治，就是選擇了死路一條，沒有辦法在大社會之時空生存，揮灑那一身具有活潑自然天眞的活力。當然自治也要有世界觀，思考模式和生命活動也要與國際接軌。我們究竟是活在世界村的不同角落多元多樣民族之一。

　　自治運動，一路走來，院長說：自治訴求可分為「還我基本人權」、「還我土地」、「還我正名」及「還我自治」等四大類，其中「還我正名」有所斬獲，使正瀕臨族群滅絕的邵族、噶瑪蘭族、太魯閣族、撒奇萊雅族及賽德克族等五族，政府從2001年起陸續核定為台灣原住民族外，族群個人的名字亦可正名了。……具體而言，就是以平等的方式來協商彼此的定位，以求排脫四百年來的內部殖民狀態，並能讓原住民族以自己決定的民族方式來治理自己，這就是民族自治的基本理念。

　　論及台灣原住民族之自治時已久長，在明清時代有Ka-valan 與Sakizaya聯合攻打擾亂人民寧靜生活的清兵（約1876年）之血淚為證。其兩族聯合打戰之因是為了自治，防衛祖傳的領土，保護人民與財產的安全。阿美族家喻戶曉的大港口（與吳光亮之清兵血戰）事件，即使阿美族人殘敗，但是，可

以看出族人世襲的自治保衛鄉土之決心與情操，英雄壯志未酬可歌可泣之表現，令人感動萬分。無論是在南排的牡丹事件、在鄒的吳鳳事件、在太魯閣的威力事件與在賽德克霧社事件（1930年），其背後之歷史教訓，清楚說明原住民族為了有尊嚴地展現民族認同的自治訴求。

　　在台灣的族人為了有自身的文化、語言與尊嚴百分之百的民族自治，不惜付出任何流出昂貴之血的代價來抗爭。可惜，台灣野蠻鴨霸之文明民主國家社會，把尊重原住民族的普世價值放在一邊根本就是不理不顧。我們希望已在2005年立法院通過的原住民族基本法，明智的政府能夠落實促成原住民族合理合情合法地自治。族人也要努力爭取民族自治權益，民族議會務須發揮應有的功能。無論政治環境如何改變或惡劣，自治理想與目標是永遠不變的。Pusin博士的這一本具有感染力的書，希望有更多的讀者同桌饗宴，同時支持原住民族自治之運動。

**Sing 'Olam**牧師
　　台灣基督長老教會助理總幹事
　　台灣聖經公會董事
　　教育部國語會委員

# 施正鋒序

　　玉山神學院院長布興・大立牧師，是我多年的好朋友，更是台灣獨立建國運動的同志。已經記不得我們是如何認識的，應該是擔任過原住民族委員會主委、台灣基督長老教會牧師尤哈尼・伊斯卡卡夫特在1990年代中期介紹的，因此，彼此相識也有十年以上了。

　　在2000年10月21日，台灣基督長老教會總會在台灣大學法學院國際會議廳舉辦「霧社事件七十週年國際學術研討會」，我代表現代文化基金會參與，並將論文編輯成冊《霧社事件——台灣人的集體記憶》（2001）。當時，布興・大立寫了一篇〈為生命的細水長流而戰的霧社事件〉，令人眼睛為之一亮。事後，我們組成了「霧社事件研究會」，並有後續的研討會（台中、花蓮），從此，有比較頻繁的共事經驗。

　　在民進黨執政以後，我的學長許世楷擔任總統府人權諮詢小組人權政策研議分組的召集人，特別關注原住民族的人權保障。首先，分組在總統府舉行研議會議，布興・大立有〈原住民的人權報告〉，令人印象深刻。再來，在呂秀蓮副總統的主持下，人權小組於台北賓館舉辦「原住民自治區公

聽會」（2001/5/17），布興‧大立又提出〈原住民族需要什麼樣的自治？〉發言稿，鏗鏘有力。事後，我們三人共同編輯了一本《原住民族人權與自治》（2001），算是相關運動實踐的論述。

次年（2002/3/2），現代文化基金會舉辦「原住民歷史文化重建研討會」，我們三人分工合作，再度編輯了《從和解到自治——台灣原住民族歷史重建》，收錄了布興‧大立的〈從霧社事件談原住民族的自治〉。由此可見，原住民族自治一直是布興‧大立追求的目標。

我一直認為，如果台灣對外的獨立運動成功，卻不能有原住民族的自治，那麼，功敗垂成，對內的建國（state-building）、以及塑族（nation-building）任務就遙遙無期。

施正鋒
東華大學民族發展研究所教授
兼原住民民族學院院長

# 自序

我是一位原住民教會的牧師，在玉山神學院從事原住民神學教育的工作，也是一位道地的泰雅爾族人。身兼基督徒和泰雅爾族的兩種身分，說不衝突是不可能的。因為，當基督教信仰對原住民的文化、信仰，進行莫須有的撻伐與汙衊時，做為族人身分的心靈是非常的痛，並且自我反問另一個身分說，泰雅爾人的文化與信仰，在台灣已經行之千百年了，族人未曾視為怪力亂神的信仰文化，卻在短短近百年的基督教信仰文化中斷定為迷信的文化，而唆使基督徒唾棄族人的信仰文化，實在是很不公道的事。反之，當有一些自稱為原住民的文化人，毫無節制的指控基督教破壞原住民的文化與信仰時，心中也是很痛的，因為他們不但沒有批判台灣外來政權是原住民信仰的「劊子手」，也是毀壞原住民族文化的罪魁禍首之一。幸好，由於台灣基督長老教會致力於本土化的信仰與神學的努力下，推動本土政權、文化的台灣認同之信仰，使原住民教會努力振興原住民族的語言，重視自己的文化價值，參與甚至於主導了原住民社會運動的動員，來爭取原住民各種應有的權利。

在原住民社會運動中，有很多的訴求，不過可分為「還

我基本人權」、「還我土地」、「還我正名」，以及「還我自治」等四大類。其中「還我正名」已有所斬獲，除正瀕臨族群滅絕的邵族、噶瑪蘭族、太魯閣族、撒奇萊雅族及賽德克族等五族，政府從2001年起陸續核定為台灣原住民族外，個人族群的名字亦可正名了。在台灣政府第一次政權輪替後，有些原住民社會運動者在政府體制內從政，仍然和體制外的原住民一起推動原住民自治的訴求，因此行政院於2003年6月3日的行政院會中首度宣布通過「原住民族自治區法」草案。當時行政院長游錫堃的提示文指出，在我國民主化的過程中，除了要調和省籍問題，以及客家和福佬間的族群齟齬外，更要面對如何與原住民族進行歷史和解的課題，也就是陳水扁總統向原住民族所承諾的「新夥伴關係」。具體而言，就是以平等的方式來協商彼此的定位，以求排脫四百年來的內部殖民狀態，並能讓原住民族以自己決定的民族方式來治理自己，這就是民族自治的基本理念。

　　我們肯定行政院長如此認識到原住民族的自治，台灣政府必須「要面對如何與原住民族進行歷史和解的課題」，也就是以原住民族歷史為基礎來建構原住民族的自治，並且「以平等的方式來協商彼此的定位」。換句話說，當台灣政府沒有還給原住民族完全的自治，就沒有和解的基礎，更沒有族群平等的實質意義了。雖然如此，在行政院爭議多時，而且幾乎不可能行之台灣的「原住民族自治區法案」，終於在行政院會中拍板定案，因而行政院長游錫堃正式宣布，原住民自治區法是尊重台灣原住民族的主體性，以及承認他們

是台灣原來主人的一項法案。該法案明定原住民各族可以依法成立自治區，實施民族自治，原住民自治的時代與永續發展將來臨。

「原住民族自治區法」草案，雖然行政院會通過了，但是在國民黨絕對多數的立法院，至今不但未排入議程，而且似有回到過去那樣將原住民邊緣化之態勢，這樣讓原住民的有識之士憂心萬分。特別是始終如一站在原住民自主性立場的台灣基督長老教會的原宣與玉山神學院的校友，在眼見民進黨政府對原住民族自治裹足不前時，在原宣部門下設置「原住民族權利與自治」推動小組，繼續關注與推行原住民族的自治，且有不自治，絕不終止的意志力。這個推動小組成立後，就在「阿扁政府」時代，即2007年12月7日動員原住民在台北為「聯合國原住民族權利宣言」遊行，隔日的8日也舉辦該「宣言」的研討會，籲請政府「還我原住民族的自治」。今年，即2008年的7月31至8月1日又在玉山神學院舉辦「台灣原住民自治」研討會，與會的一百五十人，對原住民族的自治無不志氣高昂，甚至於認為如果台灣政府不讓原住民族自治，將沿用全球原住民團體代表的方式自行宣布自治。

本書大部分是筆者各種研討會的講稿與學術性報告的文集，也是聯合國從1993年起十年定為「世界原住民年」筆者以自治為主題的文稿。所以本書具有原住民二、三十年來社會運動的精神、奮鬥與意志力，也是在記錄原住民追求民族自治的一本書，更是台灣基督長老教會原宣與玉山神學院校

友如何始終如一的推動原住民自治,值得分享給我原住民族及讀者的一本書。特別是,在聯合國於2007年9月13日通過「聯合國原住民族權利宣言」,滿一週年的今天出版本書,是深具台灣原住民族堅持原住民族自治的意義,所以,台灣政府要即刻還給原住民族在台灣千百年來的自我做主人之自治政權。

本書名為「自治是原住民族的唯一活路」(Klahang Nanaq Yasa Pqyanux Qnxan Tayal),不是什麼台灣政府對原住民政策的德政,因為在外來的政權還沒有來到台灣之前,原住民族的自治在各部落裡已經行之千百年,過著獨立自主又自治的生活,所以,最有資格推動台灣獨立運動的是台灣原住民族。因此,原住民族當覺醒,不要被政黨所左右、擺佈、控制,出賣了如今唯一能讓原住民活路之自治的智慧與精神。當然,名為「自治是原住民族的唯一活路」之書,是延續「還我基本人權」、「還我土地」、「還我正名」的社會運動,其目的無非是具體要回原住民應有的人權、文化、政治、傳統領域之土地、正名等等的基本權利。換句話說,原住民一旦擁有完全的自治,就會真正享有上述所有的基本權利,這樣才能夠與台灣政府締結平等的「夥伴的關係」。

最後,我要感謝多年的好友施正鋒、尤哈尼、星·歐拉姆為本書寫序,使本書增添不少的光彩與吸引。我也要呼籲原住民的教會,要把原住民族自治視為上帝在這個時代裡對原住民拯救的途徑之一,也要大聲的向原住民說,當把自治看為原住民政策中最高又最中心的價值,與原住民同胞共同

奮鬥與推動，因爲原住民今日沒有自治，明日就會完全的被
同化而滅絕了。

# 目次

## 壹

# 原住民族
# 需要什麼樣的自治？[1]

　　主持人許世楷教授，副總統府辦公室的蔡明華、尤美女律師，在座的原住民立委，原民會主委尤哈尼、專任委員、處長，原住民的知識份子、教授，在前面要發表論文的專家學者，以及媒體記者女士先生們，大家平安。剛剛鄭天財處長從行政單位的立場，已經詳細的說明有關原民會所草擬的「原住民族自治法草案」，我們不但要肯定原民會的努力，對於他們的辛勞也當予以嘉勉。然而，原住民當曉得，固然我們有滿腔的熱火，要為原住民的同胞、子子孫孫們提出真正符合原住民需要的政策，如果原住民族本身沒有達成共識，也沒有抓住千逢難載的良機，那麼一切的指望、一切的努力，將功虧一簣。

## 掌握時局的良機，
## 推出符合原住民需要的政策

1　講於2001年5月17日由行政院原民會主辦的「原住民族自治公聽會」假「台大法學院國際會議廳」。

　　要推出符合我們原住民族真正需要的政策，除了要有天時地利的良機外，原住民族本身需要創造機會，因為原住民任何的權利，需要我們自己共同努力去爭取。特別是適切於原住民需求的政策，以及符合原住民族利益的各種權利，原住民族本身當努力自我整合以求共識，我們當知道在這方面的努力，不但要克服族群之間的利益，也要捐棄黨派之間的糾葛，大家團結在一起，共同創造屬於原住民自己的未來。

　　再過三天，是陳總統、呂副總統就職滿一週年。今天，由總統府人權諮詢小組人權政策研議分組主辦、行政院原住民委員會協辦，在總統府舉辦「原住民自治區」公聽會一事，是台灣政治史上空前的一項創舉。因為就原住民而言，過去所有的問題，不只是把它矮化成為地方化，而且認為那只是原住民族自己的問題而已。所以沒有一次，把原住民人權的問題、土地的問題、乃至於自治區的問題，提升到中央的層級加以彙整。

　　上一段所說的，在這裡舉辦「原住民自治區」公聽會一事，是台灣政治史上空前的一項創舉，對原住民來說，至少有兩種劃時代的意義。第一個意義是，新政府雖然就職只有一年的時間，乃本著人權治國的立場，積極關心原住民族人權的需求。因此，原住民要把握這個難能可貴的機會，將我們需要什麼樣的政策，包括今天所談的「原住民自治區」的議題，大聲的說出我們的需求。我們不需要像過去那樣如同將被宰殺的羔羊保持沉默的態度，當像猛醒的獅子般自我覺醒，把原住民需要的聲音，從原住民的部落到中央、從最

基層的地方到總統府，大聲的說出來，一旦喪失了這樣的機會，原住民就完蛋了。

另一個意義是，原住民政策需要原住民族自己去決定。我們知道，在舊政府時期，任何有關原住民的政策，都是國民黨中央、省政府所決定的，也沒有徵求原住民的共識或需求而決定的政策，所以過去原住民的政策，都是被決定的命運。在這樣的情形下，原住民只有不吭不響的一味服從，好像原住民的政策是政府給予原住民的恩澤，當感謝政府的德政似的。

今天在這裡談原住民的自治時，我們鄭重的提醒執政當局，必須注意到先進國家今日對原住民族政策所持的態度，即是「由上而下」模式轉變成「由下而上」的態度。也就是說，讓原住民自己決定需要什麼樣的政策。基督教世界最大的組織「普世教聯」（World Council of Churches）第七屆大會，於1991年2月假澳洲的坎培拉舉行，會中來自印度東方正教主教長魁克里歐斯，他在回應澳洲總理霍克承認其政府過去由於對原住民許多政策的失誤，造成原住民幾近滅絕時，魁克里歐斯語重心長地說：「對於原住民的事件，最重要的事不是政府定什麼政策，促使原住民也歸入他們的同行，而是政府必須教育非原住民，使他們改變原本對原住民的態度，且應讓原住民自己表達他們的需要與他們期待的生活方式是什麼，而非由別人來替他們訂出這些。」

概而言之，原住民族要把握國內政黨輪替新政府願意調整原住民政策的契機，以及響應先進國家尊重原住民的自

決權的局勢，訂出屬於原住民族需要的自治法，政府當局的態度也該順應世界原住民的政策，尊重原住民自我決定的政策，讓原住民擁有自我做主的原住民政策。因為，綜觀台灣原住民族二十餘年來，在為自己人權上的奮鬥，已經有了指標性的訴求，也就是說原住民的人權與自治區的設立是不能區隔的。對原住民而言，兩者是一體兩面的事，任何一面的喪失，就會危及到原住民的生存權，甚至於將導致原住民族的滅亡，這是非常可怕的結果。所以，原住民族自治法的設立，是考驗為政者有沒有心來保障原住民這樣人權上的需求。

## 原住民自治的訴求及其自治的基礎

　　原住民族自治的訴求，並非空穴來風的構想，乃是原住民族覺醒運動的產物，換句話說，沒有原住民的覺醒運動，就不會有自治的宿願。然而原住民族自治的意願，也不能孤立在台灣人民尋求自治的奮鬥歷史，因為台灣在日據時期所做的反抗運動，無疑是一部台灣自治的運動史。台灣人民從民族自治的奮鬥，又提升到「民族自決」之自我做主人的抗爭。其實，「民族自決」的主張，也不是台灣人所獨創的政治訴求，早在1918年前，即由美國總統威爾遜（Woodrow Wilson）在第一次世界大戰後所提倡。威爾遜強調「民族自決」的主張，指出每一個民族有決定自己命運的基本權利，任何民族或國家都不能干涉，也沒有任何的權力去剝奪每個

民族的生活、教育、道德、習慣、語言等等的基本權利。

　　所以，從二十一世紀的民族自覺、自治與自決之世界性潮流觀之，「民族自決」的主張是天賦的基本權利，也是做為一個民族維護其生存尊嚴的途徑。從這樣的背景來看台灣原住民的自覺運動，及其自治的需求時，或許從事原住民族社會運動者非常自負地說，「我是原住民族社會運動的領袖，沒有我就沒有現在原住民的政治生態」，尤有進者，用社會運動來區隔原住民參與新政府的指標，無疑是另一種形式分化原住民的團結。我說這些話，不是在扯社會運動的後腿，畢竟任何形式的原住民社會運動，本人幾乎不但不曾缺席過，而且在教會還帶動信徒和部落居民北上遊行、在學校動員學生們參與。我說這些，主要是在於如果論功勞的話，那些從來既不求功名利祿，又不求政治利益的一群學生、長老教會的信徒、原住民的同胞無怨無悔的參與，是原住民族社會運動的「無名英雄」，其功勞是厥功甚偉的，不容抹滅。

　　這裡所強調的，無非是凸顯出做為原住民的「人民之力量」是非常的大，所謂「民氣可用」之箇中的道理。講到這裡，我必須說出肺腑之言，原住民社運領袖固然對原住民權益有所貢獻，甚至於大都紛紛進入新政府體制內原住民政策的決策權，這是一個非常好的機會，把社運的精神帶入體制內的決策，為原住民的政策創造一片新的天地。然而，值得擔憂的是，原住民社運團體的菁英們，隨著政黨輪替的機會，為了自己的政治利益，不惜分裂三分天下，令我們這些

志同道合的原住民非常的失望。

我的意思是說，我們社運團體沒有分裂的本錢，即使是原住民族各族群更沒有分門別類的本錢，最重要的，無非是如何凝聚原住民族的向心力，整合原住民的團結心，共同為自己生存的尊嚴，也為原住民的子子孫孫打拼。一旦原住民族能夠因為自己的生存的權益而被整合起來，就有力量爭取屬於自己需要的自治外，原住民本身也可以提升做為真正台灣人之主人的身分，為台灣人當家做主的活路，做出該有的貢獻。因為擁有原住民的自治固然是那麼重要，台灣擁有實質上的獨立國格和名符其實的名稱，才是做為台灣人不分黨派、不分民族，共同所要追求的最高價值。

原住民不要輕看自己在這方面的力量，當知道原住民最有資格去切斷國共「臍帶」關係，因為台灣原住民從來就不是「中國人」。只要台灣原住民站起來說，「我們是台灣的原住民」，從來就不是「中國人」，那麼任何先後來到台灣的漢系民族，都不能否認這個事實。所以漢系民族首先要面對的，不是對岸的中華人民共和國，而是要先承認台灣原住民從來就不是中國人的事實。這個就是原住民爭取自我做主人之「原住民自治」的基礎，執政者當局，沒有任何理由不去成全原住民這樣的意願，也沒有任何的說辭可以駁斥原住民這樣的需求。要不然，原住民族一日沒有自治，就顯示出漢系民族統治台灣的心態，也只不過是另一個形式從對岸來侵略台灣原住民族的外來政權。

或許有人會說，台灣那麼小，自治的制度不適合台灣

的政治生態，原住民未免太貪得無厭了吧！這個說辭，是舊
政府對待原住民的態度。其實原住民自治的訴求，是二十多
年來原住民社會運動的產物。在國民黨統治時期，不但未就
原住民政治意願的需求予以尊重，而且還透過黨務、行政、
教育系統教化原住民說，政府爲原住民做了太多，當感謝政
府的德政。事實上，舊政府從來就不把原住民當成是台灣原
來的主人看待，而一直將原住民看成是中國大陸少數民族之
一，以便有理由宰制台灣的原住民族。

　　總而言之，原住民族的自治，期待新政府拿出對原住民
誠意，還給原住民自治的傳統部落政治，如此不但能贏得原
住民族的心，而且原住民的自治，也應當成爲台灣追求「新
而獨立的國家」最堅實的基礎。這或許是阿扁總統在競選總
統前，在玉山神學院所說的「台灣的希望在原住民，原住民
的希望在玉山神學院」之意義吧！

## 建立原住民族永續發展的
## 原住民族自治法案

　　正如前一段所說的，原住民自治區的訴求，是原住民
族二十多年來社運團體運動的產物，當時是在國民黨政權一
黨獨大時，原住民團體所想到適切原住民族的一個政策。現
在，台灣時局已事過境遷，人民的力量通過選舉促使政黨輪
替，原住民族所需要的原住民自治的內涵，當然有所不同。
那麼，到底不同之處在哪裡？其原因又何在？這個問題，可

以引出原住民在這個時候需要什麼樣的自治法案？綜觀筆者
所觀察的，至少有三個因素造成自治內涵的不同，又根據其
自治內涵的不同，凸顯出需要什麼樣的自治法？

　　首先，是原住民族認同及其地位的因素。在國民黨一黨
專政時期，要承認台灣原住民是一個多族群的民族，或是說
原住民族是台灣寶島原來的主人，簡直是比登天還難。因為
國民黨的原住民政策，始終如一的將原住民視為中國大陸的
少數民族之一。這樣的原住民政策，當然是有其政治上的目
的，即如那些喜歡矮化台灣的人都堅決的主張「台灣是中國
的一部分」，一方面利用國家權，強迫漢系民族去認同「中
國統一」的政治主張；另一方面通過國家教育灌輸台灣原住
民也是「中國少數民族」之一，要原住民去認同非親非故的
「中國人」。在這樣的「中國人」民族的認同下，台灣原住
民族的地位不但被邊陲化，而且成為無關緊要的民族了。

　　在這樣高壓的政治背景下，原住民族所提出的自治區，
意圖由邊陲化的弱勢部族，提升到民族自決、自主的認同；
由被分化成「山地同胞」、「平地同胞」，尋求原住民族群
的地位。這就是為什麼二十年來「原住民族」的正名、「還
我土地」等等的街頭請願之訴求，力求從被邊陲化、被分
化、被同化之族群滅絕的「山地政策」，尋求苟延殘喘的民
族認同與民族定位的原住民族政策。然而，執政的國民政
府，清楚知道如果讓原住民自治，就等於承認原住民族是台
灣原來的主人，也是宣示「台灣自古以來就不是中國領土的
一部分」的事實，如此從原住民的立場來看兩岸關係時，很

清楚的：台灣就是台灣，中國就是中國。所以，舊國民黨政權，最不敢面對台灣的原住民，也不敢承認原住民是台灣原來的主人，更不用說讓原住民族自治了。因此，承認原住民是台灣民族的事實，是原住民族自治重要的精神之一。

其次，是全球原住民所通過的「原住民權利公約」之因素。台灣原住民到今天，雖然尚未享有自治政策，但對於自治內涵的提升之追求，依然鍥而不捨地去爭取。台灣原住民清楚知道，原住民的人權及其基本權利的維護，不能被孤立在台灣國內的地方自治而已，相對的台灣的原住民族自治，應當符合國際原住民自治的標準才對，也因為如此，台灣原住民團體近五、六年來，年年均派代表參加聯合國的原住民族會議。全球原住民族代表知道，由於聯合國原住民工作組從1982年開始所草擬的「原住民權利宣言草案」，至今快二十年了，聯合國的人權委員會尚未批准，所以全球原住民團體代表於1994年7月28日在瑞士日內瓦開會，通過了「原住民權利公約」，且經過四十個以上原住民團體批准後生效就變成現有的原住民國際法。全球原住民團體代表所通過的「原住民權利公約」，實際上與聯合國「原住民權利宣言草案」的內容完全一樣，即保障原住民的自決權、文化權、教育權、生存權、決策權、土地權、社會權、政治權的基本權利。因此，從聯合國「原住民權利宣言」來檢驗現行

的行政院原住民事務委員會時，可謂落差太大，因為行政院原民會現行的功能只是著重在協調的機制，連一點點的自決權、文化權、教育權、生存權、決策權、土地權、社會權、政治權的基本權利都沒有。更可悲的是，諸如上述基本權利的機制，被各部會所瓜分、地方與中央政府各執所司地在主控，原住民本身根本沒有決策權，若不是被政府決定的，就是硬要原住民分而治之的方式，削弱原住民自我認同的凝聚力。誠如施正鋒教授這樣說：「原來，國民黨以『分潤』（tokenism）的方式來籠絡原住民，一方面以公職來羈縻其精英，一方面又利用其部族間傳統的分歧，採取分而治之的統治方式。」[2]

再其次，是建立原住民族永續發展的自治內涵。聯合國的「原住民權利宣言草案」所衍生的「原住民權利公約」，在全球原住民團體代表擬定下，否決了先前那種以區域性、民族性為主的自治區。因為，這樣的原住民自治區，會把原住民的基本人權區隔在地方性的問題而已。換句話說，原住民自治區的權利，受到地方政府的轄制，不能與中央有對等的位階。如此一來，原住民族的自治與中央的關係，是從屬的關係，並不是夥伴的關係。所以全球原住民在聯合國原住民的會議中，堅決反對這樣的自治，因為就原住民而言，原住民存在的歷史事實，比國家的建立還要早，更何況絕大多

---

2 施正鋒，〈台灣的族群政治〉，施正鋒編，《族群政治與政策》（台北：前衛出版社），77-78

數的國家施以大屠殺、族群滅絕、不擇手段的方式侵略無辜的原住民，造成原住民極大的傷害與滅亡。所以，原住民行之千百年的傳統自治，有利於原住民族的發展與傳承，各國的政府要尊重原住民特有的自治、自主、自決的政治模式。要知道，自治絕非政府給原住民族的恩惠，也不是政府為原住民所做的德政，乃是原住民本來所擁有的，就還給原住民，除此之外別無所求。因此，自治是台灣原住民族唯一的活路。

聯合國環境與發展會議於1992年6月3日至14日，在巴西里約熱內盧舉行「地球高峰會」中，大會通過了「里約宣言」，呼籲世界各國建立一種新而平等的全球夥伴關係的目標：「懷著在各國、在社會各關鍵部門和在人民之間創新的合作水平，從而建立一種新的、公平的全球伙伴關係的目標，致力於達成既尊重所有各方的利益又能保護全球環境與發展體系的完整性的國際協定，認識到我們的家地球的整體相互依存性質。」[3]其中，談到原住民的永續發展時，確認由於原住民族及其社區和其他當地社區的知識和傳統習慣，他們在環境管理和發展方面具有重大作用。各國應承認和適當維護他們的特性、文化和利益，並使他們能有效參加實現永續發展。[4]

---

3　取自巴燕・達魯立法委員國會辦公室。
4　取自巴燕・達魯立法委員國會辦公室。

# 原住民與台灣政府建立新的夥伴關係

　　要落實前述所說的原住民族自治的需求，台灣政黨輪替後執政的新政府，要拿出最大的誠意，還給原住民真正的自治。特別是陳總統在競選總統期間，即在1999年9月10日遠赴蘭嶼與原住民族各族代表們，共同簽署了「原住民族與台灣政府建立新的夥伴關係」。關於原住民族各族代表們與陳水扁總統雙方所簽署的內容全文如下：

　　　　台灣原住民族長久生長於斯，四百年來歷經殖民統治政權的欺凌與壓迫，原住民族的生存空間、生命身體、語言文化遭受到空前的浩劫，歷屆殖民統治者卻始終未對加諸於原住民族的過錯做任何道歉或補救性措施。此刻我們身處在蘭嶼島上，台灣原住民族各族群代表與台灣總統候選人簽訂和平對等條約，並基於族群尊重與互惠，建立原住民族與台灣政府「新的夥伴關係」。

　　一、承認台灣原住民族之自然主權

　　　　台灣原住民族世代根植於台灣數千年，原住民族群或各部落自始擁有「自然主權」，原住民族各族雖經殖民國族統治，然而原住民族從無公開宣稱放棄其自然主權。基於尊重族群意願並根據聯合國原住民族權利宣言之原則，統治國應充分尊重原住民族的「自然主權」。

二、推動原住民族自治

　　建立原住民族與國家新的夥伴關係，先決條件為尊重原住民族的自主、自治地位。現階段可立即成立蘭嶼特別行政區，推動「原住民族區域自治」；並積極推動原住民族自治準備程序（自治人才養成、自治制度及期程研擬、觀念宣導）。

三、與台灣原住民締結土地條約

　　為貫徹台灣原住民族與台灣政府對等關係，台灣政府應與台灣原住民族各族締結土地條約。基於族群對等原則，應充分給予原住民族土地自主管理權，確立土地領域的族群性、集體性。

四、恢復原住民族部落及山川傳統名稱

　　基於尊重原住民族之自然主權，台灣政府應恢復原住民族傳統部落與土地之名稱，尊重原住民地名之使用權，摒棄過去霸權式的命名方式。「凱達格蘭大道」的命名可說開啟了跨世紀的里程碑，台灣政府應亦充分尋此原則，貫徹對原住民族自然主權的尊重。

五、恢復部落及民族傳統領域土地

　　台灣原住民族原為部落社會，土地在部落公有基礎上建立共用或個別使用制度，為重建民族文化經濟發展主體，並為自治奠定基礎，台灣政府應超越私有土地產權層次，承認以部落及民族為權利主體的原住民族傳統領域。

六、恢復傳統自然資源之使用，促進民族自主發展

以國家財政促進原住民族地區合作事業，發展農
林、生態文化遊憩、手工藝等部落及民族自主事
業，吸納原本外流的原鄉人口，填補部落的社會
階層，使族群經濟文化社會發展均衡並進。在國
家需用原住民族領域土地時，如國家公園、水資
源用地、森林用地等，應建立原住民族與國家共
同經營管理的合作模式，以尊重該部落或民族的
自主地位。

七、原住民族國會議員回歸民族代表

台灣原住民族除平埔各族以外至少有十族，原住
民族拒絕國家將民族歧視性的劃分為平地原住民
與山地原住民。原住民族參與國家政策應有各自
的民族代表，因此原住民族國會議員至少各族一
名，而後再以族群人口數比例調整。

立約人：

台灣原住民族各族代表：達悟族、鄒族、德魯固族、賽德克
族、賽夏族、魯凱族、排灣族、普悠瑪族、布農族、泰雅爾
族、阿美族。

台灣總統候選人：陳水扁

1999年9月10日

這種原住民族與台灣政府建立「新的夥伴關係」的構

想，是台灣原住民族所想到的適切於自己族群主觀意願的自治機制，也符合聯合國「原住民權利宣言」、全球原住民團體代表所通過的「原住民權利公約」的自治精神。從台灣原住民族所提出的「新的夥伴關係」，到聯合國的「原住民權利宣言」，原住民「民族自治」的訴求，無疑是全球原住民族共同的需求，也是國際原住民族政策的潮流與趨勢。台灣原住民族在這樣的世界潮流中，要主動的提出忠實又適切於原住民本身的政策，因為任何的權利不是由上而下的賞賜，也不是自動來的，需要原住民本身去爭取，即是根據適切於原住民族特殊的傳統生活方式，保有自己的文化認同，享有基本的政治權利，自由選定自己的未來，如此才能充分地讓原住民族擁有自決權、自治權。換句話說，唯有讓原住民族享有完全自決、完全的自治權，才能夠與新政府建立「新的夥伴關係」，這就是原住民族所需要的民族自治，也是原住民族唯一的活路。

# 貳

# 原住民教會的社會關懷

　　說到原住民的教會，有些非基督徒的原住民社會菁英若非以基督教破壞了原住民的文化和信仰，來指控教會的不是，即以淡化或排斥教會長年對原住民社會運動的貢獻、學術本土化的努力。他們這樣的心態，可謂居心叵測，即企圖占有原住民社會運動的資源、學術的利益，或意圖成為原住民社會的意見領袖。這樣的社會菁英，不但有分化原住民的凝聚力之嫌，也在弱化原住民社會運動的精神。豈不知原住民的社會運動，無論是在主導上、人力上、財力上、動員上，沒有一個團體或機構比得上台灣基督長老教會總會原宣、玉山神學院、城鄉宣教（URM）那樣熱心的推動及積極的參與。然而，原住民教會的社會參與，不能因為少數原住民社會菁英指控而退卻，也不能因為他們的排斥而放棄了爭取原住民社會的權利。相對的，除了要虛心就教外，教會的信仰與神學也要對社會的責任做不斷的反省，因為有些原住民的教會，蓄意從社會中逃避其應有的責任，只一味追求那種抽象的靈恩，滿足於虛幻的屬靈感之中，無顧於原住民族的社會心靈，也漠視了原住民族的生存的權利。因為，沒有原住民族的社會，就沒有原住民教會的存在，更沒有其宣教

了。

　　所以，原住民族的教會，不但當了解台灣原住民，也當
認識自己是誰？是什麼樣的民族？為什麼台灣原住民的教會
從事於原住民族的社會關懷呢？以下提出筆者幾個觀點加以
論述。

## 原住民從哪裡來？

　　原住民從哪裡來？他們在台灣有多久？至今的研究，
仍舊眾說紛紜，莫衷一是。主要原因，在於過去原住民沒有
文字的記錄，可供考究到底原住民從哪裡來？雖然如此，由
原住民現存豐富的口傳、語言、文化習性，以及古蹟遺址等
之考究，可略知其一、二。再說，文字本身，固然是人類智
慧的結晶、文明世界的產物，也是人類歷史得以相傳不可或
缺的工具之一。但是，對於文字與人類的關係而言，該有一
種很重要的認知，即是人類民族的存在，遠比文字的發明更
早。畢竟，文字是人類發明的文明產物，係為人類世界服務
的工具，因此不能用來否定任何無文字民族的歷史事實。況
且，沒有人類，就沒有文字；沒有民族存在的事實，也就沒
有文明的世界；同樣的，台灣原住民族，也是人類世界的民
族之一，文字與文明，斷不能否定原住民在台灣歷史存在的
事實。

　　那麼原住民從哪裡來？由於台灣歷史學、人類學、考
古學長足的進步，使得目前有四種不同的來源說。首先，那

些爲了政治上的統一，特別喜歡強調「自古以來台灣就是中國的一部分」的人，最喜歡聽到的答案是：「台灣的原住民來自中國大陸」的「西來說」。[1] 其次，係由人類學家、考古學家、語言學家以及地質學家探討研究的「南來說」，即原住民的語言觀點，是屬「南島語系」的印度尼西亞，人種是典型的馬來種。[2] 再其次是「北來說」，因爲就原住民的人種、文化而言，在某些程度上，與蒙古、夏威夷的原住民不無關係，或許是由東北方的琉球，或經由日本南遷至台灣定居的。最後是「本地發祥說」，這是由語言學家羅伯特・布魯斯特（Robert Blust）、考古學家彼得・貝爾伍德（Peter Bellwood）、以及芭芭拉・似瑤（Barbara Theil）等學者們，潛心研究「南島語族」後所主張的結論。他們認爲在四、五千年以前，台灣已有原住民盤據，而且進一步的主張南島語族是從台灣發展、茁壯、分化之後再開始向外擴散出去的。[3]

　　平心而論，台灣原住民族群有關上述四種不同來源的說法，到目前依然各有所據，在歷史與學術上的探究，仍舊難於蓋棺論定。在這樣未確定論的來源說下，硬要把台灣原住民說成是「炎黃子孫」的後裔，係從中國大陸來的「西

---

1　李筱峰、劉峰松合著，《台灣歷史閱覽》（台北：自立晚報，1994），14-15。

2　見於林朝棨，〈概說台灣第四世紀的地史並討論其自然史和文化史的關係〉，連照美主編，《台灣大學考古人類學刊》，第 28 期（1996年11 月初版），37。

3　潘英編著，《台灣原住民族的歷史源流》（台北：臺原出版社，1998），12。

來說」；或說台灣是南島語族的「發祥地」，以及「南來
說」、「北來說」的斷語，誠然是一廂情願的推詞，在理論
上太牽強附會了。因為無論上述四種不同來源如何的各執其
詞，原住民族群「存在」台灣的事實，遠比「來源說」的窮
辯更重要；也就是說，原住民在台灣的歷史事實，比來源說
的未確定論，在研究與處理原住民的歷史上，更貼切而又實
在。因此，到底原住民在台灣有多久的歷史，比原住民從哪
裡來的問題更重要。

　　那麼，原住民在台灣的歷史有多久？對於這個問題，研
究台灣歷史的史明，根據許多日本人和台灣學者的研究，由
推定台灣原住民族群大部分是從東南亞海路北移上來的「南
來說」之研判，原住民在台灣至少五千年以上的歷史，正如
史明如此說：

　　　　戰前的日本人和台灣人的學者以及戰後的中國人專
　　　　家，長年研究結果，發現到距今約五千年之前，也
　　　　就是人類學上的新石器時代（The Neoliticerd），地質學
　　　　上的沖積期（The Alluvial Epoch），已經有人類生棲於此
　　　　地。[4]

　　史明進一步說明，由於原住民的史前文化找不出和中

----

4　史明著，《台灣人四百年史（漢文版）》（蓬島文化公司出版，
　　1980），14。

國、印度、阿拉伯這些古代亞細亞的三大高級文化有任何的關聯，因此，可以推定原住民在這三大文化迄未影響到原住地的印度尼西亞文化之前，就已移民到台灣來。具備這些種族、言語、文化特質系統的原住民，「就是台灣黎明時刻的先導，也就是台灣最初的主人」。[5] 李筱峰教授以歷史學的觀點，提出一種新而又綜合性的解釋。他說：

> 儘管台灣的原住民可能分別，分批於不同時間從西邊，南邊或北邊來到，（甚至以台灣為基點而遷往他處）但他們居住在台灣起碼二、三千年的歷史，已經土著化了，總不能視他們為外來者了。站在今天的時空基點上，他們是早期台灣的主人。[6]

　　由原住民從哪裡來的探究，到原住民在台灣有多久的歷史之研究，雖前者眾說紛紜，莫衷一是，但對後者的問題，即原住民在台灣至少有二、三千年，甚至五、六千年以上的歷史，近代的史學者與專家皆持以肯定的態度。特別在1998學年度的國中一年級的「認識台灣」教科書裡，從國家的基礎教育，已認定原住民在台灣歷史先前的主體性，書中如此說：「五六千年來原住民在這塊土地上過著自立自主的生活，不受外力干涉。」以此開頭做為台灣人追求當家做主的

---

5　史明著，《台灣人四百年史（漢文版）》，15-16。
6　李筱峰，〈台灣歷史不是中國的鄉土史〉，《自由時報》，「自由廣場」，1997/6/2。

傳承之一，把原始民主制做爲台灣民主追求的精神淵源，這絕對是首度承認原住民的歷史資產。因此，原住民歷史意識的問題之一，在於原住民本身是否覺悟到自己原來是台灣早期的主人？原住民是台灣早期主人之歷史事實，能否喚醒原住民同胞們肯定自身歷史權的遺產？這樣的覺醒，如此這般的肯定，將賦與、甚至豐富原住民生命的自信，成爲今日有尊嚴的原住民。原住民在台灣的歷史上，至少比福佬人、客家人、新住民還要更早生存在台灣。因此，被稱爲「台灣原來的主人」或「原住民族」是名正言順的事。

## 原住民是誰？

在上一節裡，從台灣歷史的立場，認定了原住民史是台灣歷史的原始點外，我們也確認了原住民也是台灣歷史主體之一。所幸，這種歷史的確認，近來已從台灣教育本土化著手做起，即以台灣人的史地做爲歷史教育的主體，而開始編出了國一「認識台灣」（社會篇）之創舉。雖然該書有少許不可避免的「番」字而引起爭議，但是不可否認的，該書對原住民有相當突破性的歷史肯定。如同編審委員召集人杜正勝院士指出對原住民歷史的肯定：（一）我們說閩粵移民有相當人數與平埔族通婚，加上平埔族漢化，而成爲「漢人」，今之漢人有不少是原住民後裔。（二）我們說「五六千年來原住民在這塊土地上過著自立自主的生活，不

受外力干涉」以此開頭做爲台灣人追求當家做主的傳承之一，把原始民主制做爲台灣民主追求的精神淵源。[7]

台灣本土化的歷史觀，既然是如此肯定原住民在台灣歷史的重要性，原住民的歷史神學也當有如此的肯定外，也當進一步的面對原住民人性更深入的問題，那就是原住民是誰之根本問題。就台灣本土而言，原住民原來就是台灣的主人翁，也是道道地地的台灣人。那麼就歷史神學而言，原住民是誰？原住民是不是上帝創造的族類？原住民是否也是上帝的人民呢？這些問題，毫無疑問的，是神學的問題，也是原住民歷史神學所要回應的問題。

對於原住民是誰的問題，在神學上首當其衝要回應的是，原住民是不是上帝所創造的族類？這個問題看來很膚淺且易於理解，但事實上並非如此，因爲那執著於教條掛帥的教會觀而言，常把問題複雜化了。就如美國黑人的神學家Dr. James H. Cone所說的，一般神學家們的傾向把注意力毫無節制的、大量投注於有關教會的教義上，對於教會學的展望，似乎並不眞正存在於這個世界。[8] 他們不顧希伯來聖經所啓示的那一位上帝，就是創造宇宙萬物，也就是創造萬邦萬族的上帝，[9] 而一味地以教條主義分化人類，視基督徒爲「聖別的百姓」，或「聖民」；而以「世俗人」稱非基督

---

7 見於1997年7月31日的《自由時報》之「自由廣場」。

8 Dr. James H. Cone，《教會是什麼？》（黃伯和譯，台南：人光出版社，1994），9。

9 Dr. James H. Cone，《教會是什麼？》，9。

徒。基督徒無論怎樣以「聖民」自居而如何的自圓其說，其實他們也是世俗的人，也是人類的一份子。

在希伯來聖經裡，第二個創造故事裡的亞當（創二：7），實際上並不是人類第一位始祖，也不可能有人類的始祖看到上帝如何創造人類世界。但是希伯來聖經可貴之處，在於告白上帝是造物之主，也是人類世界萬邦萬主的創造者。有關「亞當」（Adam）名稱在創造故事裡的意義，依據Claus Westermann的研究結果，認為亞蘭文和希伯來的原意，是指「人類」（human being）、「人」（man）的意思，[10] 並非指某一個特定的人。也就是說，在希伯來聖經的概念裡，上帝是人類、宇宙萬物的創造者，沒有一個民族、受造物被排斥在祂的創造攝理之外的。祂創造以色列人，也創造了台灣人，當然原住民也是上帝所創造的百姓。

上帝所創造的人，當然也是上帝的人民；世上沒有一個人或民族與上帝的創造無關。因此，也沒有一個人不是上帝的兒女。同樣的道理，上帝所創造的人，就是上帝所要救贖的人；原住民既然是上帝所創造的人民，當然也是上帝所要救贖的百姓。對於創造和救贖之間的密切關聯，著名的亞洲神學家宋泉盛博士有深入而具開創性的領悟：

　　創造的故事，其實就是救贖的故事，這個故事不但涉

---

10　Claus Westermann, *Cenesis 1-11*, tr. John J. Scullion (Minneapolis: Augsburg Publishing House, 1984), 200-201.

及宇宙，也關聯著歷史……創造與救贖其實是一體的
兩面。何處有創造，何處就有救贖；何處有救贖，何
處就有創造，換句話說，創造是上帝救贖的行動，救
贖是上帝創造的行動……我們必須強調，聖經所關切
的並不是宇宙的起源；從頭到尾，聖經所關切的是上
帝的創造與救贖。……大至宇宙，小至個人，都需要
上帝的創造與救贖的能力來維持與更新。[11]

　　從希伯來聖經裡的創造與救贖的理解，有助於回應原
住民是誰的問題。毫無疑問的，台灣原住民是上帝所創造的
百姓，當然也是上帝的人民；在原住民身上，可以見證「創
造是上帝救贖的行動，救贖是上帝創造的行動」之創造的意
義。既然原住民是上帝所創造的人民，那麼原住民的身分、
地位，就是上帝所賦與的。所以，自有原住民在台灣以來，
不論是祖先，或是現在存活著，以及將來的原住民，也都
具有「上帝形像」的身分。對於這樣的認知，舊約聖經學
者 Von Rad 有關「人照著上帝的形像被造」的意義，認為生
為人類，無論任何人，都具有上帝的形像。所以，人既有如
上帝之形像而存在，人類的尊嚴及其身分與地位由此而被建
立的。[12] 在此，原住民是誰的問題，在信仰與神學上，原住
民當更有積極而主動的確信與認同，也就是當確信原住民是

---

11　宋泉盛著，《第三眼神學》（莊雅堂譯，嘉義：信福出版社，
　　1993），121。

12　Von Rad, *Old Testament Theology* (Vol. I, London: SCM, 1997), 145.

上帝所創造的，也是上帝的人民，需要上帝的救贖；除此以外，也當認同做爲台灣原住民的身分、地位，也是上帝經由創造的行動所賦與原住民白白的恩典，極其寶貴。故此，當以做爲原住民身分爲榮才對。

## 原住民教會的社會關懷

原住民教會的社會運動，跟台灣人民在八十年代追求政治民主化、經濟自由化、開放新聞媒體民營化，以及台灣人民自我當家做主之主權獨立國家的社會運動，有著血脈相連的關係。特別在一黨獨大，以戒嚴令來壟斷台灣政治、經濟的主控權下，一些原住民教會的基督徒和當時的黨外，結合成台灣人的命運共同體，走上街頭爭取實質上的人權和尊嚴。我們可以說，哪裡有街頭運動，原住民的社會團體就在那裡參與，一些原住民教會的基督徒也是如此，甚至於在大大小小的原住民社會運動，也從來沒有缺席過。爲什麼呢？

### /. 參與爭取原住民族的權利

因爲原住民的基督徒們，知道他們也是原住民族同胞的一員，同胞們的苦難，也是基督徒的苦難和社會的責任。所以，與其說對原住民的苦難袖手旁觀與冷漠，倒不如與覺醒的原住民同胞共同促進、推動原住民族應有的權利。然而，原住民的社會運動，無疑是原住民社會團體自發性的行動，

係由當時的原住民政治菁英和原住民教會傳道人之社運團
體，以及具有人道主義理想之漢族人士的支持下，在1984年
12月29日假馬偕醫院成立了「台灣原住民權利促進會」（以
下簡稱「原權會」），以負責整合和推動原住民相關權利爭取
的各項社會運動。正如原權會創立的宗旨這樣說：「民族平
等之精神，內求台灣原住民族之團結進步，外保台灣原住民
族文化、生命之延續，以服務、文字、言論、運動等方式，
保障並促進原住民族權利。」[13]

　　在這個宗旨裡，有四個非常重要的重點，符合教會參與
族群街頭運動的意義：（一）「民族平等」，也是聖經所啓
示的普世眞理，沒有民族的平等，就不是眞正自由民主的國
家，所以民族平等，是「伸張正義」，詩篇這樣寫道：「上
主爲被壓迫的人伸冤；也爲他們伸張正義。」[14]（二）「原
住民族之團結進步」，原住民族教會，已經覺悟到原住民族
之間，就算是單一的民族，正像一片散沙一樣，一方面被統
治者與不同的政黨分化；另一方面基督教不同教派也破壞了
一個民族的完整性。因此，教會追求原住民族之團結進步，
是實踐其信仰見證的功能之一。（三）「原住民族文化、生
命之延續」，玉山神學院的院長楊啓壽牧師早在原住民族社
會運動前，即在1981年6月17日的畢業講道中，如此的呼籲
即將踏出校門的畢業生：「上帝今天也藉著摩西對我們呼召

---

13　台灣原住民權利促進會，《原住民——被壓迫的吶喊》（台北：台灣
　　原住民權利促進會，1987年12月19日初版），1。

14　詩篇103：6。

說：『去！把上帝的子民從奴役中領出來』」，[15] 並且在往後的幾年中，又提出「原住民出埃及」的神學，使原住民的神學，與其族群的文化、生存，結下不可分割的關係。換句話說，任何分割原住民的民族發展、毀壞原住民族的文化、切斷原住民族生命之延續的信仰，是原住民族的惡魔，也是原住民教會的撒但。（四）「原住民族權利」，由於原住民神學的覺醒，讓基督徒意識到民族的權利，不是靠統治者白白的贈與，乃要憑著自己的努力去爭取的，也不是等待漢族悲天憫人之心的拔刀相助，而是需要原住民本身的犧牲奮鬥，去維護做為一個民族的權利與尊嚴。

　　原住民的教會和原住民政治的菁英，在社會運動的行動上，雖然相一致，而且為原住民族的整體權利並肩作戰，但是教會對原住民族的社會運動，有她自己的信仰立場和使命。就教會從事原住民族的社會運動之信仰立場而言，非專為「利己」的政治訴求，乃是「利他」的具體信仰行動。本文要從幾個面向，來解析原住民教會的社會運動。

## 2.原住民教會社會關懷的聖經基礎

　　原住民教會不是無緣無故走上街頭，也不是盲目地隨著群眾去參與社會運動，反倒是具有深厚宗教信仰的情操與熱

---

15　楊啓壽，《撒種的人》（花蓮：玉山神學院，1989年5月初版），
　　87。

情。所謂的信仰情操，絕不是如同當時威權統治者所扭曲的那種只是少數「思想偏頗」、「叛亂份子」、「受到中共統戰陰謀」、「耶穌與撒但共舞」的始作俑者，乃是基於信仰的真理，做出信仰的行動和見證來參與社會運動。

　　那麼，到底教會關心原住民族社會運動的信仰基礎是什麼呢？簡單的說，是根據基督教的聖經真理和教會的信仰告白。關於聖經的真理，原住民族的基督徒相信人是上帝所創造的，上帝不只是創造以色列民族，祂也創造了台灣原住民族，原住民族絕不是自我創生的，更不是在上帝創造攝理之外，乃是上帝創造多采多姿的民族傑作之一，也是不可或缺的族群。

　　在聖經的創造論述中，說到人類族群的被造，是如此說：

> 接著，上帝說：「我們要照著自己的形像，自己的樣式造人，讓他們管理魚類、鳥類，和一切牲畜、野獸、爬蟲等各種動物。」於是上帝照自己的形像，創造了人。祂造了他們，有男，有女。[16]

　　從這一段經文，知道基督徒相信人是「上帝照自己的形像，創造了人」，因此，基督徒也相信每一個人，或民族，都有上帝的「形像」。人既然都有了上帝的「形像」，人就

---

16　創世紀1：26-27。

有他存在的權利，也有他生命的尊嚴。所以，原住民教會從事社會運動，或說熱衷於社會運動，是基於關心原住民族存在的權利，有沒有受到剝削？原住民族生命的尊嚴，有沒有遭到壓迫？換句話說，原住民在哪裡有剝削，原住民的基督徒就在那裡，爲著反剝削犧牲奮鬥；哪裡有原住民的壓迫，原住民的基督徒也在那裡，爲著反壓迫抗爭到底。

　　另外一個聖經的基礎，不能不提的是有關耶穌的教導。有一個經學教師來問耶穌說：「誡命中哪一條是第一重要的？」耶穌回答說：

> 第一要緊的，就是說，以色列啊，你要聽，主我們上帝，是獨一的主。你要盡心、盡性、盡意、盡力，愛主你的上帝。其次，就是說，要愛人如己，再沒有比這兩條誡命更大的了。[17]

　　耶穌所說的這一段經文，常被從事社會運動的原住民基督徒們做爲信仰根據。因爲他們認爲，愛自己的族群，必須像愛自己那樣的「愛人如己」，所以愛人、愛同胞，是基督徒關心其社會的信仰基礎。天主教的神學家漢斯昆（Hans Kung）對於耶穌所講的「愛上帝，愛人如己」，認爲不能分開，他說：「愛在本質上是對上帝和人的愛。」[18] 這個意

---

17　參見馬可福音12：28-31。

18　漢斯昆（Hans Kung），楊德友譯，《做基督徒（上冊）》（台北：光啓出版社，1984年初版二刷），298。

思是說：愛人，是愛上帝最具體的行動，不愛人的「愛上帝」，是不完全的愛。所以耶穌說：「人爲朋友犧牲自己的性命，人間的愛沒有比這更偉大了。」[19]

　　據此而知，基督徒參與社會運動，以愛同胞爲基礎，愛激發了他的使命感，甚至於，因爲愛人、愛同胞，願意自我犧牲奮鬥，來保障原住民族生存的權利，維護原住民族生命的尊嚴。

## 3.信仰告白中的社會關懷

　　原住民教會社會運動的信仰基礎，除了聖經的眞理外，還有一個非常重要的因素，即是台灣基督長老教會的信仰告白。原住民教會的社會運動，跟台灣基督長老教會的社會關懷，有如情同手足不可分的關係，因爲熱衷於社會運動的原住民教會，八、九成都是隸屬台灣基督長老教會的傳教師和信徒。

　　有關台灣基督長老教會的信仰告白，在主後1985年4月11日的總會會議所通過，因此它是台灣基督長老教會信仰團體，處在今日實況中的一種信仰告白。在信仰告白中，有一段如此告白說：「我們信，教會是上帝子民的團契，蒙召來宣揚耶穌基督的拯救，做和解的使者，是普世的，且根植於本地，認同所有的住民，通過愛與受苦，而成爲盼望的記

---

19　約翰福音15：13。

號。」

從這一段的信仰告白裡，雖然沒有說到基督徒的社會關懷，但卻很清楚的指出，做為台灣基督徒的「上帝子民的團契」，必須「認同所有的住民」。「認同所有的住民」這一句話，深具台灣人民主體性的意義。因為當時的中央民意代表，不是由台灣人民所選出的，而是五十多年前在中國所選出的代表，是代表對岸中國人的民意，而且用憲法來保障中央民意代表的合法性。所以當時的台灣人，明知不公義，但只能敢怒而不敢言，惟恐惹來牢獄、叛亂、殺身之禍。面對這樣的處境，台灣基督長老教會在1971年12月29日提出「台灣基督長老教會對國是的聲明與建議」。在這聲明裡主張：

> 我們反對任何國家罔顧台灣地區一千五百萬人民的人權與意志，只顧私利而作出任何違反人權的決定，人權既是上帝所賜予，人民自有權利決定他們自己的命運。……我們切望政府於全國統一之前，能在自由地區（台、澎、金、馬）作中央民意代表的全面改選，以接替二十餘年前在大陸所產生的現任代表。[20]

台灣基督長老教會的國是聲明與建議，基於信仰的良知和勇氣，用愛心說誠實話，說出了台灣人自我做主的意願，

---

20　台灣基督長老教會總會資料中心，《總會社會關懷文獻（1971-1998）》（人光出版社，1998年9月25日），2-3。

以及人民自有權利決定他們自己的命運。無庸置疑的，台灣人民自主與自決的主張，是台灣基督長老教會認同台灣所有住民的一種信仰表現，也是社會關懷的具體行動。如同台灣基督長老教會又在1975年11月18日發表「我們的呼籲」中這樣說：「教會必須成為公義、真理的僕人，教會存在的目的也是為傳達上帝愛的信息，因此教會必須憑著赤誠的愛心進入到社會現實生活，藉服務改變社會的現況。」[21] 台灣基督長老教會這樣的社會關懷，成為其信仰告白的基礎，說：「認同所有的住民，通過愛與受苦，而成為盼望的記號。」

　　「認同所有的住民」是指原住民、客家人、福佬人、新住民等所形成的「新台灣人」身分。這是非常重要的認信，因為一個不承認自己是台灣人的基督徒，他就是外來「洋教」的信徒。相反的，承認自己是台灣人的基督徒，他不但會以台灣為他安身立命的地方，而且會為台灣努力奮鬥成為一個「新而獨立的國家」。

　　「認同所有的住民」，對原住民族來說，亦有深層的意義，即是台灣人不再把原住民置於台灣族群社會的邊緣人，而是台灣這塊土地的主人，認同原住民族的身分、地位、傳統的名稱、土地權、文化權、自治權。這些議題，豈不都是原住民教會社會運動所要爭取的應有權利嗎？這些也是原住民族教會為自己的族群，通過「愛與受苦」的服務，實際的參與原住民族的社會運動。

---

21　台灣基督長老教會總會資料中心，《總會社會關懷文獻（1971-1998）》，9。

# 原住民知識份子
# 的社會責任[1]

今天，很高興在這裡跟大家一起來談「原住民的過去、現在、未來」，也是大會給我的主題。這個題目，對原住民族來說相當的重要，因為不了解原住民的「過去」，就沒有原住民「現在」的意識，這樣的原住民怎麼會有「未來」呢？換句話說，原住民對「過去」的無知，造成了「現在」的失落，他的「未來」絕對是滅亡的原住民。

然而，這個題目所涉及的範圍太廣又很普遍，所以我要用與大家切身關係的「原住民知識份子的社會責任」之主題，跟大家一起談原住民的過去、現在、未來當有的社會責任。況且，在座的每一位都是研究所的學生，至少是大學生吧！你們都是原住民社會的菁英，是社會的知識份子，不要小看自己，當相信自己有能力，也有責任為原住民的現在、未來奮鬥。我們原住民的知識份子，只要有這份的心，我相信我們能在二十一世紀裡開創原住民的新紀元。

---

1　講於2003年12月7日由行政院原民會主辦的「原住民大專院校新鮮人座談會」假花蓮縣吉安鄉的君達健康世界。

## 具有原住民歷史意識，
## 是原住民知識份子養成的溫床

　　做為原住民的知識份子，必須思考我從哪裡來？我的族群生命的根源在哪裡？這兩個問題，會引導我們的心靈回到原住民的過去、返回原住民的原鄉、奔向原住民的世界、回歸原住民的歷史，去找回自己生命的根源。當然，尋根不是恢復過去的生活與習俗，也不是逃避現代化的生活，更不是反智的一項行動，過著一種世外桃源與世無爭的原野生活，乃是要找回原住民原有的價值觀。

　　要找回原住民與生具有的價值觀，有一種思考的途徑，即是要捫心自問：「我們原住民的過去曾經擁有過什麼？」一問到這個問題，我相信大家馬上有自己的答案。事實上，原住民過去所擁有的，雖然不是如同今日現代化那麼的便利，但是在心靈上卻是非常的豐富，從不為明天憂慮的。因為在那時候，原住民擁有山與海豐富的資源，取之不盡、用之不竭，即是所謂靠山吃山、靠海吃海的生活方式。那個時候，原住民擁有廣大又遼闊的土地山林，讓原住民自由自在的成為山中的勇士與獵人，也是山林文化的守護者。那時候，原住民擁有自己有口皆碑的故事、歷史、家族的生命史話、英雄故事、部落戰、神話、自然觀等等，無不在家庭、部落，或是與人家常話時，滔滔不絕的述說這些豐富又多元的歷史故事。那個時候，原住民擁有自己的傳統信仰而堅信

不疑，從來就沒有人說原住民的信仰是迷信的。那時候，原住民擁有各種的生命祭儀、生活習俗、語言、詩歌、音樂、舞蹈等等的文化，豐富原住民的生命。

是的，原住民過去所擁有的是非常的豐富，而且那些所擁有的從來就不會傷害原住民的自尊心，也不會歧視原住民的尊嚴，更不會把原住民帶向被同化、被滅亡的地步。相對的，原住民過去所擁有的，卻豐富了原住民的生命，滋潤了原住民的心靈，凝聚了原住民部落的向心力，促成了原住民生命的共同體，提供了原住民強而有力的自我認同。這些都是原住民「過去」的價值觀，也是原住民歷史的意義與價值。所以，當我們說原住民的知識份子，該有原住民的歷史意識時，就是要找回這樣的歷史意義和價值。知識份子要站在原住民既有的意義和價值這一邊，才能找回原住民所失落的歷史資產。況且，這些過去的資產，曾經是形塑原住民自我認同與原住民意識的原動力，同樣的，也是今日原住民知識份子養成的溫床。

## 原住民知識份子的社會責任

當知識份子擁有原住民的自我認同與意識後，自然而然地對原住民的社會有一種天然的使命感，因為一切對原住民的使命，皆源自於對原住民的認同與意識。知識份子，一旦認同原住民，他就是原住民的一份子，是原住民生命的共同體，參與原住民的苦難和奮鬥；知識份子，一旦擁有原住

民的意識，他就會站在原住民這一邊，為原住民的身分、地位、福利、權力、人權及尊嚴，赴湯蹈火的去爭取。

　　說到這裡，或許有人會說什麼是原住民的知識份子？是不是原住民的教授、老師、教會的聖職人員、在學的大學生、研究生，或是高學歷，都是原住民的知識份子嗎？筆者認為並不都是如此，因為縱使他是高學歷，如果他沒有認同原住民，很難對原住民的遭遇有感同身受的心懷；雖然他是原住民籍的教授、老師，如果他沒有原住民的意識，很難跟原住民同舟共濟；縱然他是原住民的大學生、或高學歷的，如果他沒有原住民的心，很難參與原住民的奮鬥。所以，原住民的知識份子，必須有原住民的認同、意識，要成為守護原住民的勇士者，才是原住民的知識份子。

　　因為，在現代化的社會中，知識的力量是何其大的，所謂「文字勝過千軍萬馬，書生力量大」之箇中的道理。原住民的書生，就是原住民的知識份子，他要藉著文字的努力，平反原住民的委屈，寫出原住民的控訴，述說原住民的吶喊，爭取原住民的權益，同時擁有原住民的文化知識。說了這些，我們有一個很好的例子，那就是堪稱為原住民的第一位知識份子，名叫花岡二郎的原住民警察。他的族人為了生存，也為了反抗日帝慘酷的「理蕃政策」而揭竿起義。當他的職位、利益與他的族人同胞的利益衝突時，他放棄了做日本警察的職位，而毅然決然地站在原住民這一邊，來對抗日本人，最後也因此犧牲了自己。這就是生為原住民，死為原住民的知識份子。

　　我覺得原住民的知識份子，在現今原住民的社會上，越來越變為一種主導的力量，一步一腳印的去創造原住民的歷史。原住民的知識份子，要把創造原住民歷史的主導權，掌握在原住民的手中，不要落入到少數原住民政客政治妥協下的決定，更不要期待優勢漢系民族替我們決定。自己的權利，自己要去爭取，原住民的路，需要原住民自己去開創。這就是原住民知識份子「現在」當有的社會責任。我們當知道，今日沒有去做，明日會後悔的。套用中國具有良知的物理學者方勵之對知識份子的理解所說的話，他說：「什麼叫知識份子？若只關在書房裡做自己的事，或僅關心自己的業務，這種人不能算是知識份子。知識份子除了自己的業務，應當同時想到社會，想到全局的問題，他要對社會盡責任，形成影響社會全局的力量。」試問大家，你能夠這樣嗎？若是，你就是原住民的知識份子；若不是，你就不是原住民的知識份子了。

　　事實上，在國民政府期間，絕大多數的原住民知識份子，甘願成為統治者的御用學者、剝削原住民的政客，而唯利是圖，成為原住民的負心人，如此有道是：「仗義從來屠狗輩，負心多是讀書人。」在原住民社會的正義上，知識人之「讀書人」，不如平凡人之「屠狗輩」。因此原住民的知識份子，在後現代化的知識社會、知識經濟裡，視「知識如戰場」，即是為原住民的傳統智慧、知識而戰；以知識平反被扭曲之原住民的歷史、文化、傳統信仰；為原住民的人性尊嚴、生存的機制、子子孫孫的未來而戰。這種「知識如戰

場」的論戰，料必是原住民之現在、未來的一種戰場。原住民在知識的戰場上能不能戰勝，是攸關原住民有沒有明天，就看你們這些原住民的知識份子，你們就是原住民的未來，原住民的未來就掌握在你們的手中。原住民的知識份子，加油吧！你們要成為原住民知識的勇士，為原住民而戰的知識份子。

## 原住民族未來的遠景

當原住民的知識份子，理解到在現實的社會裡不要讓原住民應有的權利睡著了，就當拚老命重新拾回原住民的自主權。原住民一旦擁有自主權，就擁有自己的未來，能夠主導自己的未來，就會活出自己的生命。當我們如此付出而權責相符時，我們有理由相信原住民的未來不是夢，原住民是充滿盼望的民族，原住民的明天會更好的。

那麼，到底原住民的未來是怎麼樣的一幅圖畫呢？雖然我們看不到，也不知道原住民的未來是什麼樣子，但是我們今天的付出、今天的努力、今天的盡責，會創造原住民的歷史。首先，是享有原住民自由的明天。當原住民的知識份子真的為現在原住民的生存奮鬥時，首先帶給原住民的未來是讓原住民享有自由的明天。這是最可能、而且是最容易做得到的事。因為台灣民主政治的發展，正是原住民爭取原住民自由最好的契機，更何況自由是人類普世的價值。如果台灣的民主發展，沒有充分讓原住民享有真正的自由，那麼台灣

民主政治的社會是假的。我的意思是說，原住民的自由乃驗證台灣是否真正實行民主的內涵。「自由，最清楚的例如，思想的自由，就是你愛想什麼就想什麼，你想什麼觀點就是什麼觀點，這是思想自由的基本內容。」說到這裡，我必須舉證，為什麼自由對原住民的未來是那麼的重要？

　　比方說，過去原住民的知識份子曾經想過，為了讓原住民各族群在國會裡都有參政權，主張族群代表制產生原住民的國會議員，以為該族群在國會殿堂發聲。可是這種來自原住民自由思想的點子，可謂緣木求魚幾乎不可能的事。目前還是維持現行的制度採取「三平三原」的立委，至今多數的少數族群皆未曾有過立委的席次，而無法享有憲法民族平等的權利。另外一點，原住民也有想過，為了尊重原住民特殊的文化習俗和族群特有的生活方式，在國會裡相關原住民的政策、議題，必須經由原住民的同意或決定，方可為之。這樣的想法，以避免優勢的漢系民族去決定原住民的未來。然而，這樣來自原住民思想自由的觀點，在現在的國會制度裡，也未能如願以償。所以，原住民需要再努力，台灣民族平等的政治也需要再加油。

　　其次，讓原住民享有充分的自由，必須尊重原住民在台灣千百年來的自由，即是還給原住民百分之百的自治體制。原住民要自治是原住民族數十年來的訴求，這不是由上而下的授意，乃是原住民自己思考未來的生存，所想到的能永續發展的一種方式，也是原住民族唯一的活路。這是非常可貴的想法，也是做為原住民人性尊嚴的最後一道的堡壘。因為

原住民自治，會使原住民充分享有自我做主的機制，原住民的文化習俗、部落的意識、族群的完整性、語言的振興、自我的認同、民族的自信，也會因為原住民自我做主的機制，而不斷的深化與發展其內涵，來豐富原住民的生命。當然，自治區需要把原住民過去所擁有的土地，以及傳統領域的土地還給原住民。行政院會所通過的原住民自治區法，有諸多不符合原住民百分之百自治區的需求，但這是一個起點，需要行政院原民會、原住民的國會議員、原住民的知識份子積極去補拙、增修，讓原住民自治的時代早日到來。

再其次，積極推動原住民族與新政府之間的夥伴關係。關於夥伴關係的想法，乃源自聯合國環境與發展會議於1992年6月3日至14日，在巴西里約熱內盧舉行「地球高峰會」中，大會通過了「里約宣言」，呼籲世界各國與地球環境建立一種新而平等的全球夥伴關係的目標。因而確認原住民族及其部落的知識、和傳統習慣，尤其是在環境管理和發展方面具有重大的貢獻。台灣原住民知識份子，沿用國際對地球環境夥伴關係的宣言，轉化成為台灣原住民族與政府建立新的夥伴關係。陳水扁總統在競選總統期間即在1999年9月10日在蘭嶼島與原住民各族代表，共同簽署了「原住民族與台灣政府建立新的夥伴關係」，並且在2002年10月19日，陳水扁以台灣政府總統的身分再肯認「原住民族與台灣政府建立新的夥伴關係」。

陳總統在致詞時說，他沒有忘記1999年與大家的承諾，今年，2002年的8月在南非舉行的聯合國永續發展高峰會

中，決議重申原住民族在永續發展上不可或缺的角色，因此這次的再約定，可以說意義重大，同時台灣也是國際社會第一個對這項決議做出具體回應的國家。他強調這次再約定的夥伴關係協定，其中許多內容尚未實現，還需要時間加以研議，需要集思廣益，但是在他任內原住民政策一定會兌現，絕不跳票。

「原住民族與台灣政府建立新的夥伴關係」再確認協議有七大項的內容：（一）承認台灣原住民族之自然主權，（二）推動原住民族自治，（三）與台灣原住民族締結土地條約，（四）恢復原住民族部落及山川傳統名稱，（五）恢復部落及民族傳統領域土地，（六）恢復傳統自然資源之使用、促進民族自主發展，（七）原住民族國會議員回歸民族代表。雖然，這種的夥伴關係，在目前的政治生態中無法一一兌現，但是這畢竟是原住民族對自己未來的理想之遠景，需要原住民大家群策群力，共同開創原住民美好的明天，讓原住民族在台灣永續發展，為台灣這塊土地、人民，注入族群和諧、人權立國的一流國家。

# 肆

# 活化原住民族部落
# 的教育機制

　　部落是原住民族生命工程的塑造者，具有原住民族的教育機制、宇宙自然觀、生命價值、做人處事的部落教育功能。今天，當我們在談原住民族部落營造時，意味著當努力發掘原住民族傳統教育對原住民族精神教育的重要，以及塑造具有原住民族生命活力的機制，是任何要重建原住民精神文化或關心原住民部落教育者，一項刻不容緩的事。是的，今天原住民族自我身分認同的式微，成為自卑感重的民族，與忽略部落價值體系不無關係。所以，認識原住民族部落教育的機制，對提升原住民族的尊嚴非常重要。問題是我們原住民當如何營造原住民族部落教育的機制呢？我要從六方面跟大家來分享。

## 部落，是原住民族生命教育的基礎

　　就一般教育而言，家庭的教育是國家教育、學校教育的基礎。那麼台灣原住民族的家庭教育，在傳統上與部落的教育是息息相關的。因為，家庭教育述說了部落的傳承故事、

英雄事蹟、部落的由來、奮鬥與形成，以及部族的根源與延續；而部落凝聚了原住民家庭的向心力，而且型塑了原住民族的身分認同，也樹立了原住民族的心性特質。

　　換句話說，原住民之所以成為原住民，就是因為部落教育使然而成的，沒有部落就沒有原住民了。捍衛部落是每位身為原住民的天職，也就是說，為部落而生，為部落而活，甚至於也敢為部落而犧牲。同樣的，部落也賦予了原住民生命的意義，原住民在部落裡，不僅活得像原住民，而且也找到了自己。因此，原住民與部落的關係，就是生命共同體深厚的關係，沒有原住民就沒有部落，沒有部落就沒有原住民了。

　　上面所說的觀點，就是原住民部落的基礎教育。這種原住民族的基礎教育，對原住民來說，十分的重要，它雖然沒有如同現代教育那樣文字化，但在部落的生活上以機會教育來傳授。即是做什麼就傳授什麼，說什麼就教育什麼，聊什麼就聊出原住民的生活故事，甚至於以載歌載舞的方式來傳述原住民族的音樂文化。我們可以說，原住民部落的基礎教育，是以原住民的人性尊嚴為本的教育，即是教育族人如何成為真正的原住民。

　　這種成為真正原住民的部落基礎教育，在現代化的教育裡不但被漠視，而且還強迫原住民放棄部落傳統教育，隨之定出原住民「山地平地化」的教育目標，以「中國化」和「漢化」的雙重教育來同化原住民，讓原住民誤以為做「中國人」重要，錯認原住民是次要的民族。如此這般原住民教

育的結果，造成了原住民在台灣族群裡誠如李喬所說的「自卑又自棄的原住民族」。說到這裡，我們既不是要成為一群反智的民族，也不是要反對現代化的教育，乃是說原住民部落的教育非常的重要，也需要現代化的教育來將部落教育提升。同樣的，原住民現代化的教育，必須以原住民部落教育的機制為基礎。因為這樣的教育機制，不但會讓原住民找到了自己，而且也會以原住民的身分為榮。

## 部落傳統精神文化的教育機制

誠如上一段所說的，成為真正的原住民這個議題，是部落教育的基礎，也是部落教育的基本精神與本質。這是現代教育一直忽略，甚至於所漠視的事實。我們台灣原住民對這種部落教育的式微，當然要負很大的責任，因為我們也如同現代一般教育一樣，漠視部落的精神教育，以至於失去了堅強的原住民意識，其結果，就是自己甘願成為台灣族群中三流四流的民族。所以，今天部落的基礎教育，對原住民來說何其的重要，也是關乎原住民族生命的延續，以及未來原住民是否還能存在的重要因素。

那麼，原住民部落的精神教育如何教導原住民呢？這個問題引發另一個問題，即是到底部落教育的內涵是什麼？在回答這個問題前，先澄清一個事實，即或許有人會說，原住民沒有文字怎麼會有部落的教育呢？是的，原住民沒有文字來記錄部落的教育是事實，但這不足以否認原住民的部落

就沒有教育。原住民雖然沒有文字的教育，但是卻有部落生活的教育、口傳的教育，說故事的教育、載歌載舞的教育、生存與奮鬥的教育，以及自然宇宙觀等等的教育。毫無疑問的，這些原住民的部落教育先於任何的文字教育，換句話說，文字是部落群體生活裡智慧的結晶，用來服務人群，並非人群來服務文字。說得更明白，人類創造了文字，並不是文字創造了人類。所以，原住民本身對部落教育的內涵，當有強烈的認同心，並且藉著現代文字的力量，將之代代相傳。

要成為道道地地的原住民之部落教育，至少有幾個教育的模式。首先是語言的教育。部落的語言教育，雖然沒有文字來教導聚落的人，但卻是藉著日常生活的交談與互動，來延續、保存、創造其母語文化。無可否認的，母語是防禦原住民身分最堅強而唯一的堡壘，沒有母語就失去做原住民的身分。今天之所以還有台灣的原住民族，就是因為原住民依然保有其母語的文化，一旦失去了這些，就形同行屍走肉，沒有原住民靈魂的生命，失去了原住民生命的色彩。所以，原住民通過部落的母語生活教育，來傳遞母語的文化，原住民也因為活在部落裡，在族人互動交談的環境中，個個耳濡目染地也成為母語文化的傳播者。也因為在部落裡很自然地將母語傳遞，原住民的文化才得以滋潤、豐富、創新，乃至於代代相傳。

其次是文化的教育。原住民部落的教育，文化的保存與傳授是部落最大的貢獻之一。語言是文化的精華，也是文

化的精神支柱，沒有語言，文化就沒有生命了。所以語言不
僅使文化有了原住民的生命，而且也不斷豐富又創造了原住
民的文化，這就是美國現代學者保羅‧田立克所說的：「語
言是文化創造的基礎」之意義。因此，部落裡的語言文化教
育，即是原住民文化創造的基礎。沒有原住民的語言，何有
原住民的文化呢？很清楚的，語言、文化是原住民族群的識
別證，失去了這些，就盡失了原住民的一切。就文化而言，
台灣著名國際的神學家宋泉盛博士說：「人即文化也、文
化即人也。」從這句話，我們可以說文化是原住民生活的形
式，即是生活智慧的表達，也是原住民精神意識的展現，失
去了文化，就形同喪失了原住民生活的智慧，也否認了原住
民傳統精神意識的活力。相對的，人是文化的本質，即是塑
造原住民身分及其特質者，文化的功能對原住民而言，既是
讓原住民成為原住民，亦是活出原住民樣式的工程，所以沒
有原住民的文化，就喪失做為原住民本質的身分。據此而
言，部落的文化教育，是活出原住民自己樣式的教育。

　　再其次，是對土地的生活教育。原住民的部落教育，將
生活所蟄居的土地視為有生命的機體，這是部落教育非常特
殊的理念。原住民的長者們不斷又重複的教育部落人，當敬
畏土地如同孝敬父母，因為土地是原住民的母親，它如同母
親一樣為我們出產五穀，以及各種民生所需要的一切產物，
我們種什麼物種，土地就為我們出產什麼，如同聖經所說
「種豆得豆，種瓜得瓜」的意思。土地既然如此地為族人
「生產」五穀，那麼土地就如同母親一樣「生產」兒女，此

即原住民的土地觀。這就是為什麼台灣的原住民說：「土地是我們的母親，也是我們的認同，我們是它生命的一部分，它也是我們生命的一部分，沒有土地就沒有原住民」之意義。原住民如此這般的「土心地情」，在部落教育裡，藉著收穫節慶、豐年祭、小米祭，甚至於在宗教儀式中表達對土地的歌頌與讚美。

再來一點，傳承原住民族的歷史是部落教育的重要使命之一。部落本身的由來與形成，是原住民族歷史的過程因素。因此，在部落裡有原住民豐富的歷史故事，在故事裡也有原住民日積月累的經驗和人生的智慧。所以，部落教育不厭其煩地述說部落裡原住民種種的歷史故事，不但講得津津有味，而且說得如癡如醉。

因為每當述說原住民的歷史故事時，就激起原住民心靈的蕩漾，它使原住民的心靈深處找回生命的根源，豐富了原住民的生命，鞏固了原住民的自我認同。這種孕育原住民精神文化的歷史，由於在外來民族強權統治相繼的蓄意扭曲與打壓下，日漸凋零破碎，原住民的歷史意識亦隨之模糊而式微，起而代之的竟然是外來族群統治者的歷史沙文主義。這樣的結果，使原住民在歷史的認同中迷失了自己，遺忘自己歷史的家鄉，反倒熟悉侵略者所刻意編造的歷史文化。

總而言之，語言、文化、土地、歷史等等的部落教育，無疑是形塑了原住民的身分，一旦原住民漠視了這些教育，就形同自我放棄了原住民的身分。換句話說，部落教育的內涵，乃在傳承原住民在台灣數千年來的生命力，活出原住民

自己生命的藝術和智慧，它讓原住民由物質文化滲透到心靈層面的精神文化。

## 部落神話故事的教育，
## 展現原住民生命的智慧

在部落傳統精神文化教育裡，述說原住民自己所體驗的故事，是極為熱絡而普遍的事。因為，無論是說故事的人、或是聽故事的人，故事確實激發族人的想像力，思索著人類的生命何以如此的無常，人類又如何面對生老病死及其天災人禍的威脅。部落的人對於人類的命運與生命的掙扎，以故事的情節與技巧來探索生命的意義。故事具有探索人類的奧秘、宇宙的真理之功能，它沒有限制人類冒險犯難的欲望，也沒有設限人類尋求宇宙真理的想像力，它向人完全開放，以便讓人在故事裡充分的使用自由的思想，來展現生命的潛力，促進人性的價值，提升生命的意義，謀求人類的福祉。所以，原住民部落神話故事的教育，無論是大或小的生活故事，乃展現原住民生命的智慧，也是原住民心靈的吶喊，以及靈魂的呼喚。

在部落的故事中，尤以射日的英雄故事極為普遍地被傳述。在林建成所著的《頭目出巡》一書裡，記載泰雅爾族的射日英雄之神話故事：

這是一段淒美的故事，遠古時候，大地突然同時出現

了兩個大太陽，把世界曬得炙熱乾旱、五穀焦灼、民不聊生。在泰雅爾族聚居地區，族人用盡了一切方法祈雨，均不得要領。長老們最後決議派一名強壯的勇士去射下惡毒的太陽，勇士出發前身上還背了他的幼子，然後領了頭目所給的柑橘種子，沿途播下做記號。但是勇士耗盡一生，仍無法走到接近太陽的地方，他只好將未盡之志交給已成長的孩子，讓他繼續步上征途。小勇士最後來到接近太陽的地方，拉弓射日，終於射下了一個太陽，受創的太陽變成了今天的月亮，大地也恢復了生機。

小勇士隨後沿著當年播下的橘子樹回家鄉，過了好長一段的時間，直到髮鬢斑白了才走到部落，這時候族人已經沒有人認識他了，只有年老的長者依稀記得這件事。[1]

這是很有趣而富有深層寓意性質的一篇泰雅爾部落神話故事，是部落教育極為重要的素材之一，乃展現族人生活的智慧。這個故事，很顯然地指出泰雅爾人正陷入一場不尋常而又酷熱的「兩個太陽」之侵害。人們在一個太陽的東昇西下，涵養出「日出而作，日落而息」之規律的生活。詎料，在天際中又出現另一個太陽，而且「其中一個比現在的太

---

1　林建成，《頭目出巡》（台北：晨星出版社，1994），47。

陽還要大很多」，[2] 使天氣非常酷熱，山川水流乾旱，農作物枯竭，人民部落的生活突然受到嚴重的打擊，重創了原住民生命的延續，這想必是部落生活空前的一場劫數。據此而論，兩個太陽的神話故事，是泰雅爾昔日部落生活的寫照，說故事者借用天際裡一個太陽的常態，說成兩個太陽而形成非比尋常的現象，來述說人民因為天際的亂象，影響到部落生活的常態，外界兩個太陽的炙熱，擾亂了族人在部落生活的秩序。

是的，一種來自外界不尋常的干預與介入部落的生活，形成了原住民部落裡「兩個炙熱的太陽」的危機。這是一種非常可怕的部落現象，那一種外來酷熱的太陽亂象，成為部落危機的亂源，而且是部落傳承與人民生命的危機。因此，部落神話故事的教育，非常注意部落生活起居的突變，特別是外界炙熱勢力的入侵，造成部落傳統生態巨大的改變，也將會斷送部落的永續發展。因為那種外來勢力壓迫、衝擊所形成部落炙熱的「兩個太陽」，造成部落生命的乾旱，人民生命的枯竭、穀物財產枯死。所以，部落的智慧老人，將部落人所遭遇到的危機實況故事化了，即用故事來表達部落人正面臨危機四伏的大劫數。從這樣的理解，足以駁斥那些將神話故事視為純屬虛構的層面，一點真實的意義都沒有之看法。實際上，兩個太陽的神話故事，在形式上是部落人心靈

---

2 李亦園等合著，《南澳的泰雅人》（台灣南港：中央研究院民族學研究所出版，1997），231。

的吶喊，即以故事的形式表達他們的聲音；在本質上，它是族人爲了生存來對抗那些欲將部落置於毀滅、同化之各種炙熱的勢力。

所以，兩個太陽的神話故事，對泰雅爾的原住民來說，未曾將之視爲虛構的事件，乃是族人對抗那些外界來的壓迫勢力之眞實故事。被稱爲神話之父的美國神話學家坎伯（Joseph Campbell）也認爲：「把神話等同於虛構的故事，是一種最膚淺的看法。」[3] 的確，神話不是等於虛構的故事，台灣原住民對於坎伯所說的最能夠感同身受，因爲神話故事源自於原住民爲了解決人們現實生活的困境而發自心靈世界的一種聲音，以抒解人們心理的恐懼，不屈服於天災和一切外來強權勢力的壓制，激發部落人心做一個不屈不撓的勇士。這個神話故事，也是泰雅爾部落集體意識下的產物，它生產出泰雅爾人獨立自強、冒險犯難、不畏強權、堅強的族群自我認同的自尊外，也孕育出做爲泰雅爾身分、群體意識、文化自主的部落精神意識。所以，神話故事是部落精神文化的母親，原住民的文化一旦失去了它，也就失去了文化的創造力，如同人沒有了生命就是死人一般，文化沒有神話故事，文化就沒有了生命。

上述的說明，有助於導正我們對神話故事的偏見與扭曲。我們必須對神話故事有正確的瞭解，才能發掘它對於人

---

3　Joseph Campbell, *The Power of Myth* (edited by Betty Sue Flowers, New York: Doubleday, 1988), 9.

類生命的意義是多麼的重要。坎伯說得好：神話是真實的，
是有關於生命智慧的故事。神話會教導你認識自己的生活，
它是偉大而令人振奮的、豐富人類生命的主題。[4] 因此兩個
太陽神話故事，不但不是原住民虛構或想像力的產品，而是
原住民生命智慧的展現。如此，神話故事的深層意義，對原
住民是那麼的重要。

## 部落自決，是原住民自治區法源的依據

　　原住民部落的生活，是千百年來原住民在台灣生存的智
慧結晶。它無疑是結合了自然的倫常、生態環境的體系，以
及原住民生命的習性所構築的部落特質。就以部落的政治生
態而言，雖然有酋長的世襲制度，但是絕不實施所謂的獨裁
統治，反而人人不但享有獨立自主的居家生活，而且還能夠
自由自在的活動在部落生活圈裡，只要不觸犯部落的Gaga
（規律），幾乎一生就享有民主自由國家那種人權、自由、
平等、尊嚴的生活。

　　這種的部落生活價值，一旦受到危機，部落的人們很
快就凝聚成生命共同體，對抗任何外界的勢力來影響部落生
活的價值，是這個兩個太陽的神話故事的中心意義，也是部
落教育重要的內涵之一。故事中講到當部落受到炙熱的兩個
太陽的威脅時，長老們召開部落會議共商對策。部落會議，

---

4　Joseph Campbell, *The Power of Myth*, 6-7.

是聚落人集體行動的決策者，並非由酋長一人獨斷行使，所以部落會議是部落政治權力最高的行政中心，也是凝聚原住民向心力與團結心的重要議會。原住民部落，雖然沒有形成一個城邦制的部落聯盟，但部落之間的互動、聯繫、守望相助，都以部落會議的共同決定為依歸，也就是充分的尊重部落人共同的意願。

由上一段所說的，部落自決也是兩個太陽故事的主題之一。部落人最擔心的事，即失去部落的主體性，因為一旦部落的自主性落入外界勢力的掌控下，傳統部落的價值體系將全被瓦解，部落的制度與結構亦將質變，其結果，原住民做部落主人的身分亦將式微，甚至於主客易位。這不是說，原住民的部落不需要外來勢力的挑戰與良性的影響，來提升部落的內涵，而是說那一個炙熱的勢力，不但影響部落正常的生活，而且也將失去了原住民部落的未來。是的，當一個部落沒有自主權時，就喪失其自決權。因此，自主、自決無疑是部落權的基礎，沒有這些，原住民部落特有的價值體系，就失去了它的生命力，部落的永續發展將告終止了。

故事中的部落會議所凸顯的自主性與自決權之意涵，對今日原住民部落教育與生活而言，是何等的重要，不是嗎？今日原住民的部落生活豈不是如同故事所說的，遭到「酷熱的太陽」的侵害，不是嗎？什麼美其名之「山地平地化」的政策目標，放肆非原住民住進部落，開放觀光局與商人肆意的剝削原住民的自然景點，把原住民祖先活動的山林強迫劃定為國家公園，又把祖宗命名的智慧否定掉而迫使原住民改

名換姓等等，這些都是原住民部落的「炙熱的太陽」，如同吼叫的獅子正在狼吞虎嚥地啃食原住民部落的血肉。

也許有人會說，這些都是爲了改善原住民的生活品質，加速原住民部落的發展，提升部落的內涵。聽起來，好像口口是道，其實骨子裡賣的是什麼膏藥，難以再蒙騙現代的原住民了。因爲任何冒開發、改善、提升原住民部落之名的集團勢力，均非以原住民的利益爲考量，充其量就是爲了自己的好處、自己的利益而不擇手段地進行剝奪原住民的土地山林，或通過統治的權力，實施同化原住民的政策，來瓦解部落的生命力，使部落喪失其自主性，原住民也因此失去了自決權了。因此，今日的原住民正醞釀推動自治區時，部落自決的精神，應該是籌設原住民自治區的法源依據。

總而言之，營造原住民教育的機制，乃推動原住民自治區的一種運動，因爲就先進國家的原住民之奮鬥經驗來說，原住民自治區法的設立，不但符合原住民傳統特殊的生活方式，也保障了原住民自主性的部落生活，如此的原住民，在現代化的社會裡會很有尊嚴地發展其人性的價值，以貢獻人類生命的意義。

從上述的論述裡，已經知道原住民的部落教育，對原住民族的生命工程、文化傳承、生存的智慧與勇氣、以至部落的自決，有著不容分割的關係。原住民的部落教育，在過去，即從日據時代到今天的中華民國的政府，無不千方百計的予以抹黑、造謠、分化、汙衊，乃至於同化與消滅等措施，造成原住民族在認同上與生存上的危機。教會團體也不

就其正面的意義，給予支持與自我反省，只一味的傳播西方文化產品的神學，而將原住民族身歷其境、日日月月、周而復始的部落生活文化教育，置於基督教生活教育之外。再加上，在原住民的社會裡，有意無意全面性的漢化政策之教育下，原住民部落教育的機制，正全面性的瓦解崩潰中。

我們無意批判西方神學的思想教育對原住民部落文化教育機制的漠視，畢竟基督教對原住民語言文化的貢獻，比任何統治者的同化與消滅的政策之貢獻，還要居功厥偉，譬如說將聖經翻譯成原住民母語、教會所使用的詩歌，不但以原住民的語言為趨向，還融入不少原住民傳統音樂的旋律，讓原住民藉著基督徒的生活，保存自己母語的特色與價值。本文所要強調的是，基督教所做的原住民母語文化的保存，只是偏重在基督教信仰傳遞的手段、福音宣揚的工具而已，很少從原住民文化的立場看到上帝創造人類文化的多樣性的意義，更遑論在原住民的文化裡，看到上帝拯救的恩典和上帝創造的救贖。

在基督教的神學思想裡，不是沒有體會到上帝在人類文化中創造的恩典，也不是沒有感受到上帝也在人類不同文化中，用人料想不到的方式進行祂拯救的活動。只是一談到非基督教的文化時，那種深深烙印在基督徒信仰裡的優越感、教條主義的索性與概念，正如同火山爆發般地噴出「信仰的火舌」，或是「信仰的憤怒」，進行它「一山不容二虎」存在之信仰的實踐，即是主張基督教的信仰文化為基督徒唯一的生活文化，對於非基督教文化，則採取排斥甚至於消滅之

消極手段。

　　在統治者的日本、國民政府相繼的變相同化政策，以及漢系民族大沙文之優越心態，和基督教中心主義使然下，原住民部落教育的機制，遭遇到四面楚歌之坎坷命運，甚至於因此正全面性的崩潰中。原住民部落教育的式微，意味著豐富原住民生命的部落教育機制，以及傳承原住民祖先的生活智慧，正岌岌可危，原住民本身如果沒有猛然覺醒，做為原住民的身分與特性，也將因此喪失。

## 豐年祭是與撒但為伍嗎？

　　事實上，這種唯一基督教文化的信仰生活，在基督教的歷史發展裡，不但沒有成功，而且在多元文化的世界中，也有損於基督教道成肉身之福音的見證。我要用原住民實際的一個例子來說明，基督徒如何曾經破壞原住民的傳統文化。在1970年代左右，花東地區部分的原住民教會，認為阿美族的豐年祭是祭祖先和拜鬼神的一種迷信禮俗，做基督徒的人當拒絕參加豐年祭的活動，因為那是與鬼神同樂、與撒但共舞的儀式。凡參加的人，是認鬼為神、與鬼為伍的行為，這樣的作為，實際上是如同撒但那樣與上帝為敵，也是「敵基督」之怪力亂神又迷信的信仰，因此豐年祭，在基督徒的信仰生活中，當嚴格予以拒絕參加，也不值得推動，凡違反的基督徒，輕者禁聖餐，重者革除教籍。

　　為了合理化這種論點，他們對豐年祭做如此扭曲、偏頗

的詮釋：豐年祭的「傳統服：是拜偶像的衣服，是邪惡的。舞蹈：是一群邪靈所跳的舞步，是一群邪魔狂歡、狂飆。歌唱：哪魯灣；咿咿呀呀，是淫蕩的聲音。」[5] 這樣對阿美族豐年祭的自我羞辱、殘害祖先生命禮俗的智慧，真是何其不幸，竟然有這樣大逆不孝的晚輩，不但不符合聖經所主張的「作兒女的當孝敬父母」之孝道的真理，也讓前輩們的智慧結晶，陷於不倫不類的不義中。我這樣說，並不是對傳統禮俗的豐年祭，毫無檢討、批評的照單全收，相對的原住民本身不能放棄批判、反省的態度，畢竟傳統的生命禮俗在一代又一代的時過境遷後，如果沒有轉型成當代人時尚生活的呈現，那麼也不過是過時的習俗，讓人垂憐憧憬而已。

　　但是，我們大可不必以否認、汙衊、扭曲、誤導、斥責、排斥等等極端卑劣的手段，侮辱先人們的智慧。豈不知這樣做，造成了基督教與原住民文化的衝突，也落入那些從事台灣原住民文化工作者的口實，認為基督教迫害原住民的文化，尤有甚者，認為基督教是福音與文化衝突的「製造者」。譬如，阿美族一些基督徒對豐年祭羞辱的誤導，所產生的族群分裂和對立非常的嚴重，教會也沒有因此增長，反而失去了不少的信徒，或分裂。例如在他們認定豐年祭所拜的對象是祖先，而不是上帝時，他們相信那是拜偶像的，是上主所不喜悅的事。

---

5　參見《玉神之音》（第142期）。

　　所以，爲了做上主所喜悅的事，他們對豐年祭相關的飾品、傳統服、工藝品，以及各種花樣的雕刻製品，一一焚燒殆盡，並且在花東海岸各教會宣導那些東西，是撒但的化身，一定要全部燒毀，不能留下來。這種焚燒原住民傳統服的事件，引起各部落頭目強烈的不滿，紛紛斥責教會破壞部落的和諧，擾亂部落生活的秩序。也因爲這樣的事件，使部落的人與教會嚴重的對立，有些教會面臨分裂的危機，甚至於也有不少的信徒因此脫離長老教會，改信其他教派，[6] 眞是得不償失。

## 發展部落文化教育的潛力

　　原住民教會的信徒，對神學或許很陌生，以爲神學只是神學院教授們的事，與信徒毫無關係。事實上，神學是一門「尋求信仰的理解」，[7] 也就是說神學是爲了要弄清楚信仰的本質，以避免流之於盲目的信仰。這是非常重要的信仰態度，原住民相信上帝，以耶穌爲救主，聖靈爲生命的保惠師，並不是沒有經過愼重的思考，也並不是沒有反省基督教信仰的內容，和原住民傳統宗教信仰的內涵之間的關係。

　　早期曾經反對馬偕博士在他的部落傳道的泰雅爾族酋長之一的宋正喜牧師（Losing），甚至於還用嚴厲的語氣恐嚇

---

6　《玉神之音》（第142期）。

7　鄭仰恩主編，《上帝與神學：信仰尋求了解》（台南：人光出版社，1997），於序言中。

馬偕說：「不要再向我的部落人傳什麼福音，如果你要想活著出去，就馬上離開我們的部落，以後也不要再來，否則會有你好看的，後果你自己要負責。」[8] 然而由於他的妹夫葉廷昌牧師親自跟他說明基督教的真理，和所信仰的上帝是什麼樣的一位上帝後，他斬釘截鐵地說：「我以前誤會了基督教的福音，以為是來破壞我們泰雅爾族傳統Gaga的宗教信仰，現在我才知道，原來基督教的上帝，跟我們泰雅爾人Gaga信仰中的Utux（上帝），是同一位的Mrhu Utux（主上帝）嘛！」

　　為此，筆者曾在台灣教會公報的第2394期以「上帝早在泰雅爾中」為題，說明為什麼族人「集體改信基督教」的原因。泰雅爾族的原住民，並不是盲目地迷信基督教的信仰，大多數的初信者，乃經過深思熟慮、討論後，家庭或部落才決定「集體改信基督教」的。也就是說，當泰雅爾族與基督教相遇時，往往皆由酋長之輩們召集部落人、家族們一起來討論。在決定是否相信基督教信仰的討論中：「發現基督教的信仰與泰雅爾族的Gaga Utux（上帝的律法）有類似之處，如不偷、不搶、不可姦淫、一妻一夫制、賞善罰惡、不做壞事、相信Mrhu Utux（主上帝）等等的信念。因而，在1947年後，族人集體改信基督教，認同其信仰真理與族人的Gaga並無衝突，要成為基督徒，並不全然要放棄原有的信仰價值，及其文化的傳承，乃兼容並得地來豐富族人的生命與信

---

8　《泰中宣教三十週年紀念特刊》（1985年1月28日），69。

仰。」[9]

　　從這樣的事實，可見泰雅爾族Gaga的傳統信仰，成為基督教信仰在族人部落社會裡最重要的基點，如果沒有Gaga的傳統信仰，泰雅爾族很難去理解基督教的福音，所謂的集體改信基督教，也不會發生的。所以，原住民傳統宗教文化的潛力，讓原住民非常勇敢的轉向基督教上帝國的福音。這種勇敢的轉向、果決的行動，並不是空穴來風，而是由原住民傳統宗教文化的內涵，所燃起的自然結果。因此，從原住民基督徒的立場而言，我們很堅定的說，在原住民每一個部落所延伸的宗教文化，成為我們最重要的資訊，來理解基督教的福音，甚至於接受基督教的宗教信仰。如此說，並不是放棄了原來的傳統信仰，而是說族人的傳統信仰找到了它的歸屬感，即是以基督教的上帝國為宗教信仰的依歸。

　　因為人類的文明，無論是宗教、文化、教育、科技、民族的政治，都不是一蹴可及的，也不是現代人自創的，乃是自有人類開始到現在所累積的經驗與智慧的成果。研究東方古代文化典籍和現代考古學的一位學者雷升，對這樣的了解最能夠感同身受的，正如他所說：「傳授原始人類的知識的上人們，是上一次文明劫後餘生的智能生命，或是他們的嫡系後裔，他們廣博深邃的知識來自上一次文明。」[10] 因此，沒有先人開墾「百年種樹」的基礎，就沒有現代文明「納風

---

9　《台灣教會公報》（第2394期）。
10　雷升，《上一次文明》（台北：台灣先智，2001），205。

乘涼」的成果和享受。換句話說，沒有祖先的冒險犯難、犧牲奉獻，就沒有你我的現在，我們當存感恩的心、尊敬的態度，尊重祖先們的生活智慧，是符合基督教聖經「孝道」的真理，不應該將豐年祭與祖先崇拜劃上等號，也不該用先入為主的概念，認為是與撒但有關的豐年慶典。因此，發展原住民部落文化神學教育的機制，無疑是促使上帝國的福音，道成肉身在原住民部落文化中最具體的途徑。

## 伍

# 從霧社事件談原住民自我解放與堅持自治的奮鬥[1]

　　今天，當中國政權不斷以武力侵犯來恫嚇台灣時，我們在這裡紀念霧社事件六十五週年，不但別具意義，而且我們台灣人，當從原住民霧社事件中以寧死不屈的精神，做為保衛台灣鄉土的精神，共同奮鬥來建立「新而獨立的國家」。

　　霧社事件，乃是原住民對日本帝國殘酷的侵略，不依賴漢民族的拔刀相助，用自己的方法對抗當時的日帝，以尋求原住民自我解放的途徑。那麼，起義的原住民，他們為了愛自己的同胞，為了熱愛鄉梓，為了族群的生存，做了什麼樣自我解放的奮鬥呢？

## 為生存做決死戰

　　霧社地區賽德克族的德哥塔雅原住民，當他們族群的生活，受到日本殘酷的壓迫，甚至有計畫性地進行種族滅絕

---

1　講於1995年10月27日由中部地區長老教會聯合舉辦「霧社事件六十五週年族群和解儀式」假霧社農校。

時，就以寧死不屈的精神與日本做決死戰。至於，德哥塔雅的原住民，為什麼不惜以生命做決死戰呢？難道他們不珍惜自己的生命嗎？這些問題指出到底霧社事件真正的原因是什麼？

要知道什麼原因，首先必須要釐清一個重要的問題，那就是有許多的學者專家，引用統治專屬用語，以「理蕃政策」失當的字眼探究霧社事件的原因。其實，「理蕃政策」的用語，不論是站在事件的正面，抑或負面的意義，皆以先入為主的觀念，狠狠地將原住民化為劣等的民族，而將侵略的統治者，其掠奪強盜性格，在無形中變為「慈悲」的豺狼，任其肆意逆天行道，加害台灣原來的主人。因此，我們在研究霧社事件的原因時，當揚棄這種使用統治者帶有歧視與偏見的語言。因為就台灣原住民來說，日帝所謂的「理蕃政策」，說穿了，其實就是對台灣原住民血腥的侵略政策。

日本在1895年侵略佔領台灣後，一開始實施高壓式的殖民統治，不僅掠奪台灣政治、經濟一切的權力，同時以嚴法峻令的手段壓迫、鎮壓起義抗日的台灣人。在鎮壓起義的事件中，原住民視死如歸的頑強抵抗，讓日帝頗感棘手，因為日帝在台灣人諸多的起義事件的鎮壓中，不但嚐到屢次的失敗，甚至無法制服原住民的反抗，因此初期的鎮壓措施，先以「隘勇線」來隔離原住民。這種隔離政策，不亞於當時南非白人對黑人的「種族隔離政策」。

日帝為了要徹底的制服台灣的原住民，台灣總督府於1910年到1915年，對全島的原住民實施了「蕃人討伐五年計

畫」。事實上，所謂「蕃人討伐五年計畫」，就是針對原住民的一種侵略的計畫，日本帝國不惜以武力、槍砲、軍隊屠殺頑強抗爭的台灣原住民，使得數以萬計的原住民遭到日帝的屠殺。

在「蕃人討伐五年計畫」之前，日帝為了合理化侵略原住民的理論，當時任職於台灣總督府參事官的持地六三郎，於1902年12月向兒玉總督提出侵略原住民的理論。持地認為凡不服從日帝的原住民，即一味抵抗日帝者，皆當視為叛逆禽獸：「國家對叛逆的生蕃，擁有討伐權。其生殺予奪，只在於我國家處分權的範圍內。」頑強抗爭的原住民，既是叛逆者的禽獸，就沒有土地權，他們的土地就歸為「國」有地。

這種把原住民單純為生存抵抗防禦外來的欺侮視為叛逆者的理論，正符合日帝掠奪原住民所居住廣大的山林一切經濟的資源與利益。因此，日帝以此理論做為侵略原住民的最好藉口，使得日帝如狂地濫殺原住民。在佐久間左馬太任總督時，強力地執行所謂的「蕃人討伐五年計畫」，從1910年到1914年間，日本為了侵略原住民花費了二百萬的財政開支，動員軍、警總數達二萬五千人，沒收了三萬一千五百枝原住民的火槍，屠殺了二萬多名的原住民。由此事實來看，所謂「蕃人討伐五年計畫」，事實上是日帝侵略原住民極為殘酷的一種血腥侵略政策。

霧社地區的原住民，在遭到血腥侵略的洗劫而死傷慘重後，日帝變本加厲地以奴役掠奪其勞力，並施計激化原住

民之間的種族衝突。例如在1930年10月5日，當德哥塔雅的原住民成群結隊往埔里的姊妹原商店購物時，日本唆使兩百名布農族壯丁，在路上埋伏突擊他們，共傷害了一百三十名前來購物的德哥塔雅的原住民，然而，德哥塔雅的原住民，並不因為這樣陷入日本陰謀的陷阱，向殺害他們的布農族宣戰，因為他們清楚知道，背後使計的黑手就是日帝。

　　所以，身為馬赫坡頭目的莫那魯道，面對日帝血腥的侵略，凌辱族人的少女，以及「以蕃制蕃」等可惡的手段，莫那魯道難掩心中的痛恨，他也強烈地意識到，這樣一味承受迫害，不起來反抗，只有亡族一條路；與其看著族人滅亡，倒不如為生存做決死戰，不能再姑息日本，也不能對日帝抱有一絲的期待，因為期待只能讓族人的傷害加大，因此只有靠自己，也就是用原住民自己的方法，不依靠漢人相助，尋求自我解放，掙脫日本的壓迫。所以，莫那魯道為了族人免被任意地濫殺，也為了族人生存的權利，走訪霧社地區的原住民，設法凝聚族人生命共同體的意識，群策群力反抗日帝血腥的侵略，共同對抗那欲將族人同化、滅亡的日帝，終於有六個部落響應了莫那魯道的號召，在1930年10月27日發動了「霧社事件」的戰役。

　　起義的原住民，為熱愛自己的同胞，犧牲了自己的生命，如此同胞之愛的心，豈不是在催迫著今日的原住民，當熱愛自己的同胞嗎？國民政府在台灣五、六十年來，先以優勢的軍統主義，繼承了日帝在台灣所掠奪的一切政治、經濟的權力，進而藉其「萬年國會」制定出同化原住民的「山地

平地化」的政策目標；以「山地保留地」、「山地保留地開發條例」、與設置四座國家公園來限制原住民的生存空間；以集會遊行法來壓制原住民力求救濟之社運的浪潮與怒火，將原住民領軍社運的馬耀、夷將陸續關入黑牢。如此以大中國主義自居的國民政權，在過去對原住民所訂定的各種臨時條例，未曾尊重過原住民的意願，也沒有就原住民在台灣主權的歷史資產，重視原住民。其結果是土地大量流失、人性的尊嚴被扭曲，自暴自棄的原住民，歷史文化不被確立，今日的原住民豈不是成為「黃昏的原住民族」嗎？

所以台灣的原住民，當自我覺醒，尊重自己，也當如同起義的原住民熱愛自己族群，為自己同胞的生存努力奮鬥，這就是我們的義務，也是我們的使命。原住民在台灣總人口中，雖然只佔百分之一點七的極為少數，但熱愛台灣的情操，以及關心台灣的前途，當不落人後，特別是當台灣面對中國共產黨政權，以軍事武力來恫嚇我們台灣人，國民黨政權又向中國傾斜時，當從霧社事件中的原住民獲得寶貴的啟示，決以生命來捍衛台灣。原住民當大聲說：「台灣原住民，從來就不是中國人，也不做中華民國在台灣被殖民的國民。」因為，就原住民而言，國民政府也不過是侵占原住民的外來殖民政權之一，原住民山林土地大量的流失，政府從未有合法的契約行為，只是一味的霸佔罷了。除非政府仿效澳洲的政府，在去年（1994年）通過立法認定原住民的土地權先於政府的拓墾權、開發權，所以原住民要繼續努力奮鬥，為台灣原住民族的自治，奮發圖強。

## 受苦受難的德哥塔雅的原住民

　　要奮力尋求原住民自我解放的活路，起義抗日的德哥塔雅原住民很清楚的知道，必須付出相當大的代價，他們也知道，如果不採取反抗的行動，族人勢必陷入水深火熱的苦難中。這種族人的憂患意識，使他們陷入進退維谷的兩難中，但他們了解必須站在受苦受難的同胞之立場，必須採取「決死」的毅力，去抗爭到底。正如莫那魯道對猶豫不決的荷高社頭目說：「不體諒同族的苦難，苟且偷安想要袒護日人的，休想會活得更好。」

　　從莫那魯道的話中，他把同胞們的苦難，看成是自己的苦難，族人的痛苦，就是自己的痛苦。因此，當今天在紀念霧社事件時，我們必須身歷其境的感受到，他們為族人所付出的犧牲奮鬥，以及他們所遭受的苦難。受苦受難的德哥塔雅原住民，他們的犧牲奮鬥情操所編成可歌可泣的受難故事，至少有三個明顯的階段：一是「山林中的哀號」，二是「山洞中的訣別話」，三是「西袍社的夢魘」。

　　談到起義者的苦難，他們受苦的吶喊，首先迴響在「山林中的哀號」。原住民與山林在傳統歷史生活的因緣上，有著不可分割的關係，山林是原住民生活的寶藏與靠山，就如常言道：「靠山吃山，靠海吃海。」山林也是原住民避難的地方，所以，當日方以強力的大軍壓境來鎮壓起義的原住民時，原住民很自然的投入山林的懷抱中來避難。由於日帝不

放過任何抵抗的原住民，而一心想一舉消滅反抗者，使得戰場延伸成為山林的游擊戰。原住民熟悉山林的地形地物，並善於游擊戰，日軍不但陷於苦難，甚至死傷慘重，其中來自台南的增援部隊，在不知不覺中，被原住民包圍，幾乎全軍覆沒。

當日方鎮壓的指揮部，獲悉不斷節節失利，並研判山林的交戰實非原住民的對手，而也迫於總督府下令限期鎮壓反抗的原住民時，日帝就不惜以強大軍事行動，加重大砲空投炸彈的火力，以及人海戰術大舉攻擊起義者，使得起義者死傷慘重，但是，仍然無法鎮壓奮勇抗戰的原住民。最後，日本不惜以最狠毒的手段，出其不意的使用國際所禁用的芥子氣彈的化學毒氣（yperite），由飛機在頑強抵抗者所聚結的山林，空投要命的毒氣，在那個時候山林頓時成為中毒患者痛苦的吶喊、哀號遍野的地方，實在慘不忍睹。日帝以槍砲雷霆萬鈞的總攻擊，造成原住民很大的傷害，最讓烈士們痛苦不堪的，乃是中了化學的毒氣，他們皮膚慢慢的潰爛，呼吸器官損害難以呼吸，他們痛苦的哀聲迴響在山谷中，山林遍地傳出呻吟悽慘的吶喊。因此，他們做出痛苦的抉擇，就是與其因著中毒在痛苦中掙扎等待死亡，倒不如集體上吊自縊，所以，他們一個接著一個很勇敢的上吊自殺，來結束他們的痛苦。

其次，在生不如死的痛苦中，「山洞中的訣別話」令人感動不已。奮力抵抗的原住民，在遭到每日如雨般的炸彈、砲火、槍射、催淚彈，以及空投化學毒氣等強力的攻擊下，

逼得原住民如同熱鍋上的螞蟻走投無路，在山洞中避難而繼承父親遺志的達達歐‧莫那，對來勸降的妹妹馬紅說了如下「山洞中的訣別話」：「我們身為德哥塔雅族，我們很光榮為族人而戰，我們發動讓日本人出其不意的戰爭，個個勇士們奮力對抗侵略我們的日本人，我們沒有錯，因為日本人才是侵略者。我們很高興沒有愧對祖先，就算現在死也無憾。但是你們要勇敢的活下去，將我們生為族人而戰的真實故事講給子孫聽。我們要回去了，我們的祖先在等著我們。」最後在飲酒訣別中對他的妹妹馬紅說：「我雖現在要離開你們，放心好了，我必再度生返馬赫坡社來，多保重。」當馬紅勸降不了回去後不久，起義者紛紛自縊或跳崖自殺，達達歐‧莫那在確定大家死後，也舉槍自盡，因而結束了霧社事件。

　　在山洞中一席訣別話中，代表著所有起義者的痛苦心聲的達達歐‧莫那，很有自信地指出：「我們沒有錯，因為日本才是侵略者。」他相信，勇敢抵抗的勇士們，雖然現在無法獲得平反，但總有一天歷史會還給他們公道，他們為族人犧牲奮鬥的一舉一動，時間會還給他們清白的。台灣基督長老教會今天在這裡紀念霧社事件的六十五週年，不就是認定了他們的清白嗎？今天東南亞各國，不也是同聲譴責日帝在第二次世界大戰的殘暴嗎？被日帝所迫害的亞洲人民，莫不如此控訴著：「我們沒有錯，因為日本人才是侵略者。」所以，任何一個侵略者，無論如何自圓其說，都無法抹滅其掠奪的惡行所造成的歷史傷痕。侵略者就是盜賊者，台灣的

原住民，在四百年的長期歷史的傷害中，因遭遇了不同類型的「盜賊」者，讓原住民陷入極爲悲慘的下場，所有的壓迫與痛苦，莫不源於侵略者的霸佔、掠奪所使然的結果。

最後一點，關於反抗者的痛苦，就是「西袍社的夢魘」。當原住民以自己的方法結束了霧社事件，他們的悲痛並不因爲起義者自我了斷而告一段落，日本以秋後算帳的方式，將被逮捕、投降者、戰傷者、以及起義者的家屬們，統統強制軟禁到西袍社，沒收了他們所有的槍枝、弓箭，也派人日夜監視他們的動靜，不讓他們走離軟禁區，禁區外圍有荷槍實彈的重兵。

在1931年4月24日晚上，日本爲了報復反抗的原住民，使計教唆親日本的布農族「陶查蕃」，用日人所提供的槍彈，掃射在軟禁中沉睡的德哥塔雅遺孤們，並在收容所內放火。可憐的德哥塔雅遺孤們，在沒有任何防備及武器下，只能眼睜睜的看著族人在槍擊下喪生，從撲鼻的火燒屋落荒而逃者，被埋伏的「陶查蕃」守株待兔地一個一個斬首。可憐的德哥塔雅人，他們的悲痛，如同屋漏偏逢連夜雨地不斷臨到他們身上，難道這些就是他們的「報復」嗎？絕對不是，這都是侵略者視反叛者的生命爲草芥的結果。

在那一個夜晚的攻擊中，被斬首的有一〇一人，被活活燒死的有九十六人，因著痛苦、悲傷而自殺者也有十九人，所以在「西袍社夢魘」中，總共死了二一六人，日帝借刀殺人的手段，可謂慘絕人寰。

受苦受難的德哥塔雅原住民，他們爲了族人的生存，竭

力奮戰，犧牲了自己的生命，今天我們不僅肯定他們為同胞
們的犧牲奮鬥，甚至連受苦受難的耶穌基督，想必也感動他
們的同胞愛，因為耶穌也曾經說過：「人為朋友捨命，人的
愛心沒有比這個更大的。」（約翰福音15章13）因此，當我們
在這裡紀念他們英勇抗日的事件時，我們可以如此說，他們
所遭受的悲痛，不僅是台灣原住民歷史悲痛的冰山一角，也
是所有認同台灣，以及愛台灣的人痛苦的縮影。

## 原住民自我解放與堅持自治的意願

接連被壓迫的原住民奮力抵抗日本，為什麼他們甘願為
同胞們犧牲呢？他們犧牲的代價又是什麼？其目的何在？其
實他們不是為了反抗而反抗，更不是盲目如日帝自己所調查
的那樣「偶發事件」的揭竿起義，乃是侵略原住民的日帝，
從來沒有尊重原住民自治生存的意願，一旦他們生存的意願
受到迫害，生命受到威脅時，藉著武力來對抗侵略者，是無
可厚非的事。然而，自我解放的意願是什麼呢？

其答案，不需要用富麗堂皇的字眼來描述，因為畢竟他
們只是很單純的堅持原住民身分認同，以及為捍衛族群的自
治而犧牲奮鬥。他們清楚的知道，他們身為德哥塔雅原住民
的身分，不是別人給的，也不是日本帝國政府所給予的，乃
是上帝賜給他們的、創造他們做台灣德哥塔雅的原住民。所
以，做為德哥塔雅原住民身分的認同，從不為權力低頭，也
不能為利益所誘惑。

　　譬如，花岡一郎、花岡二郎，他們兩位是日本刻意培養的原住民首批知識份子，不但完成了學業，而且擁有日本警察的身分、地位。他們是台灣原住民最早受高等教育的知識份子，可是當霧社爆發而族人與日帝交戰衝突時，他們毫不猶疑地站在族人的陣線，共同來對抗殘酷的日本，他們認同自己的族人，認同身為德哥塔雅原住民的身分，遠勝於做日警的身分與地位之尊榮。

　　今天在原住民的社會中，已經有許多的公教人員，也有不少的知識份子，如果這些原住民的知識份子，個個像花岡一郎、二郎那樣的執著於原住民身分認同，以及對原住民有強烈的「憂患意識」的話，原住民早就有盼望了，不是嗎？事實上，事與願違，五、六十年來大部分的原住民知識份子、公教人員，豈不都是國民黨的傀儡、鐵票、附庸嗎？舉凡絕大多數的原住民認為，服從黨意比為原住民生存意願的奮鬥重要；為國民黨犧牲小我，比為原住民權益奮鬥重要；為國民黨做事，比為原住民做事更有意義，這樣的結果，原住民還有將來嗎？絕對沒有，因為今日大多數原住民的知識份子，欺壓自己的同胞，是非顛倒的價值觀，出賣了原住民同胞。侵略者的破壞固然悲痛，但不至於導致亡族的地步，最可怕的，莫過於原住民的知識份子喪失了同胞愛的憂患意識，以及在不自我覺醒的無知中。看看那身為台灣原住民的身分認同而自我團結的奮鬥，與原住民生命共同體的意願，就是原住民第一批知識份子的花岡一郎、花岡二郎永垂不朽的價值觀與使命感。

　　為原住民身分而戰的花岡二郎，他的執著，他的奮鬥，更為動人。因為花岡二郎在確定大家都是上吊自縊後，在集體自殺的樹根上，用刀尖刻上：「這裡死的人，都是勇敢的德哥塔雅人」，刻完字後他也舉槍自盡。啊！多麼勇敢的原住民，到死的前一刻，也不忘記認同自己就是德哥塔雅。反觀今日的原住民，普遍自暴自棄，連為抗議集會遊行法所造成原住民社運的司法迫害等活動參與率也不踴躍，這些都是因為原住民本身身分的認同度極為薄弱，甚至於還否認自己就是原住民，這就是「原住民今日的悲哀！」

　　今日，當我們談原住民要自我解放前，必須要先以做為台灣原住民為驕傲，因為我們做為台灣原住民，不是別人給我們的，而是上帝創造我們做台灣原住民，既然上帝創造台灣的原住民，那麼做為台灣原住民，在上帝看來「是最美好的」，不是嗎？相反的，一旦我們把上帝所賦予的身分，看成不重要，或是視為不如別人而輕看自己的身分時，這種輕視上帝的恩典，不把上帝的恩典看做寶貴，沒有任何的罪比這個更大的了。所以，台灣的原住民不要輕看自己，當努力學習如何尊重自己，也只有尊重自己，才會被人尊重，看輕自己，也會被人輕看。起義的原住民在霧社事件中，為自己的身分、為原住民的自治、為生命的尊重做寧死不屈的決死戰，身分認同無非是要原住民自主性的擁有「自治的主權」之意願，沒有自主性的自治，也等於被同化、被消滅了。

　　談到原住民自主性自治的主權，它不僅是原住民原始的社會制度，而且原住民在這樣自主性的自治區裡，沒有所謂

壓迫者與被壓迫者的從屬關係，也沒有所謂的傀儡之次等民族，大家都是平等、自由、互相尊重的原始社會制度，自律性與認同很強，很少有社會的問題。關於部族的自治區，是以德高望重的酋長做部族最高權力的中心。

然而，日帝清楚知道原住民自主性的自治區，一旦鞏固，日本就無法讓他們掠奪森林的資源，只要有計畫性迫害，抑或削弱酋長的權力，必對侵略原住民有事半功倍的效果。因此，日帝以強硬的手段，策劃進行掠奪酋長的權力。這種權力的爭鬥戰，原住民清楚知道，是為維護自主性的自治權，但日帝卻為了政治、經濟的權力，侵略原住民的權利，就這樣在日帝貪婪的侵略下，原住民自治權的政治，包括文化的自主性、宗教的自由、人性的尊嚴，被日帝吞食而告瓦解。

所以，起義的原住民，以決死的精神來固守生存的空間，以寧死不屈的毅力來抵抗漠視原住民生命尊嚴的日帝，他們擁有為了部族自治的意願而犧牲奮鬥，而且死也無憾的崇高精神。今日，台灣原住民要將原住民在霧社事件奮戰不已的精神，即原住民自我解放的奮鬥，成為在現階段爭取原住民尊嚴的精神，推動原住民族的自治，這樣才會讓原住民生生不息，且有尊嚴地生存在台灣寶島上，也是原住民現階段唯一的活路。正當我們台灣人飽受中國共產黨政權動不動以軍事武力恫嚇台灣時，我們台灣人，也就是凡熱愛台灣、認同台灣鄉土者，當以莫那魯道的精神，誓以生命來保衛台灣，使台灣的島國真正成為「新而獨立的國家」，人民享有

自由、平等、民主、尊重生命的社會，有國格、有尊嚴，共同唾棄被中國統一、被併吞、被恐嚇。

# 陸

# 論霧社事件中
# 原住民自治的意義[1]

　　在邁入2000年的總統大選中，台灣人民選出民進黨籍的陳水扁為總統，創下台灣政治史上首次的政黨輪替奇蹟。過去在國民黨威權統治下，推動原住民族自治的社運團體，也藉著國內首次政黨輪替的良機，經由體制內的參與、推動，終於由行政院原住民族委員會制定出「原住民族自治法草案」，[2] 雖然自治法在立法院尚未審查通過，但是原住民族主觀意願的自治政策，已向前跨了一大步。為了加強台灣原住民族自主性的意識，本文以霧社事件做為素材，來談原住民族的自治意涵。另外，說到霧社事件，很多的文獻皆站在政治的層面來討論，而對於台灣原住民族行之千百年的部落自治的論述，少之又少。因此，本文以原住民族自治的議題，來討論霧社事件的深層意義。

---

1　講於2002年3月3日由霧社事件研究會假「台大法學院國際會議廳」所主辦的學術研討會。

2　有關行政院原住民族委員會版本的「原住民族自治法草案」，參見許世楷、施正鋒、布興・大立編著，《原住民族人權與自治》（台北：前衛，2001），見附錄3-78。

## 尊重原住民主體性的歷史，
## 才有分享歷史資產的價值

　　2000年10月21日在國立台灣大學法學院國際演講廳舉辦的「霧社事件七十週年國際學術研討會」，主辦、協辦單位在行政院原民會大力的支持下，已經將那一天國內外學人演講的內容，由前衛出版社在2001年2月份出書問市，書名為《霧社事件：台灣人的集體記憶》。從書名的意義，知道霧社事件已經成為凡認同台灣這塊土地者共同的歷史記憶。或許有人認為，霧社事件只是德哥塔雅人（Tkdaya）反抗日本帝國壓迫的事件，把該歷史的格局限制在賽德克族的德哥塔雅人而已，不需要有任何的泛族群化，或是泛台灣化的意圖。

　　本文非常贊同歷史要還原到賽德克族的德哥塔雅人反抗的原貌，也非常認同要把歷史的主體性還原到事件的原型之一切的努力，畢竟任何有關原住民的歷史研究、詮釋的基礎，都必須尊重原住民族的感受和看法。因為，如果漠視了原住民的感受和看法，即使是因為學術的需求所做的任何研究，也不過是把原住民的歷史，當作是一種手段，以達成研究者所謂學術的目標。過去，不是很多學者以原住民的歷史跟文化為起家嗎？那些曾經是「吃」原住民歷史文化財產，「喝」原住民智慧財產長大的學者們，應該是站在原住民歷史文化的主體性之立場，來維護原住民族的尊嚴、身分、土

地、自治才對。可是，五十年來卻倒行逆施，違反學術的良知，甘願成為統治者的機器，說什麼原住民是「中國人」，也是「龍的傳人」，霧社事件抗日的精神被說成是「中華民族的精神」，也因為如此，在國民政府時期的省文建會，蓄意將抗日的精神領袖莫那魯道，列入在「中華民族的烈士」之林。[3]

有鑑於這樣的歷史扭曲與誤導，霧社事件研究會舉辦三次關於霧社事件的研討會，努力去平反霧社事件被蓄意操弄，還給原住民歷史主體性的願景。為此，研討會的主講者都是以事件起義者的賽德克人為主，其他的霧社事件專家學者為輔，充分的尊重以原住民為主體的歷史觀點。這就是本文所強調的，任何研究原住民族歷史文化的學者們，必須尊重原住民的感受、經驗和觀點的原因，這些也應該是研究者必要的出發點與途徑，也是對原住民歷史文化該有的態度。當我們有了這樣的態度，來尊重原住民的歷史與文化時，我們不但不會斷章取義地扭曲了原住民族歷史文化的意義，而且也會凝聚我們台灣歷史的意識，去認同原住民族是真正的台灣人，也是台灣原來的主人、台灣民族先住的民族。

基於這樣的台灣歷史意識，原住民當看重與尊重自己

---

3　有關省文獻會對霧社事件的看法，不把事件回歸到德哥塔雅原住民的歷史主體上，而把歷史的意義，斷章取義的歸功到「中華民族」的頭銜上。對於這樣的論點評論，在本人所著《寧死不屈的原住民：霧社事件的故事神學》一書中，有詳實的分析與說明。布興‧大立（高萬金），《寧死不屈的原住民：霧社事件的故事神學》（嘉義：信福，1995），33-36。

的歷史文化，不要一直怪罪他人破壞原住民的文化，因為如果原住民努力堅持自己的文化，在部落生活中用母語述說原住民自己的歷史，就不會像現在嚴重的式微了。另外一點，原住民的態度也應該像山海那樣的寬宏大量，將自己歷史意涵、文化精神的財產，分享成為台灣人共有的資產。因為，我們生活在台灣，當知道我們是多族群的台灣人，但是台灣卻只有一個寶島。每一個族群、每一個民族，生活在台灣要努力活出自己歷史文化的精髓，來豐富台灣多元文化的內涵，彼此之間當以尊重與欣賞的態度，以促進台灣族群和諧的機制。

更進一步地說，當非原住民族的同胞用尊重的態度，來欣賞原住民族的歷史文化時，就會很自然的除去心中的偏見，和那一種氣勢凌人的優越感，進而會把原住民的歷史文化視為台灣人的無價之寶。說得更明白，也就是說，在台灣的歷史中確立了原住民的歷史定位，即是把原住民的歷史視為台灣歷史之根，原住民的文化成為台灣文化之本。如此一來，台灣人會從原住民的歷史文化中得到養分，以至於滋長，認同台灣，與台灣人民建立生命的共同體，清清楚楚、完完全全的切割了台灣與中國之間「臍帶」的根本問題，即台灣就是台灣，中國就是中國，台灣從來不是中國的一部分。

我們也必須承認，在以漢文化為主流的社會裡，如今依然存在著漢人優越感的意識，輕看原住民的文化，漠視原住民的歷史，扭曲原住民人性的尊嚴等等的刻板印象。在這方

面，需要漢系族群自我反省、改變、調適對原住民的態度，並不是像過去那樣，一味的「教化」原住民要改變，強迫原住民放棄自己「惡的習俗」，去接受漢化「善的習俗」。對於這樣的優越感意識，有一位很有良知的漢人朋友名叫李易蓉，理直氣壯的自我批判說，我們總以為原住民相當「落後」、「野蠻」，其實我們只是很驕傲的抬高自己，去輕視原住民，以滿足自己的虛榮心罷了。正如他這樣說：

> 過去，一些不明就裡的人總以為原住民社會相當「落後」、「野蠻」，其實我們只是很容易驕傲地拿自己的標準去衡量別人，並且以貶低別人來滿足自己的虛榮罷了！事實上，原住民傳統社會運作模式之細緻，信仰內涵之複雜，絕對超出我們的想像，而千百年來，他們就是在這些運作法則之下找到了安身立命的根基。[4]

　　這些出自良知與很有人性的反省，乃台灣族群建立台灣主體性的歷史與文化非常重要的基礎，也是極為重要的態度。也就是說，我們不能「只是很容易驕傲地拿自己的標準去衡量別人」，研究原住民的歷史文化，就必須站在原住民的「標準去衡量」。所以，從霧社事件兩三次的研討會中，

---

4　古野清人，《台灣原住民的祭儀生活》（李易蓉，台北：原民文化，2000），2-3。

原住民族不時的發出要尊重原住民歷史的主體性，才有分享歷史資產的價值。換句話說，只注重擁有，而揚棄尊重，其行徑有如竊盜一般，扼殺了歷史的真理。

## 為自治而戰的霧社事件

　　今天在這裡談霧社事件的歷史意義時，本文要從鮮為人所注意的一個主題來論述，也就是要跟大家一起討論的題目：「論霧社事件中原住民自治的意義」。發生在1930年10月27日，由霧社地區德哥塔雅原住民揭竿起義，反抗日本帝國主義侵害行之千百年來自主自決的部落自治。說到部落自治，無疑是台灣原住民族的先人，為使部族生命的延續，找尋適切於代代相傳的生存機制，經年累月所延伸的智慧結晶，部族們無不以部落獨立自主的社會結構為尊，做個有尊嚴、自信心強的原住民族。

　　所以霧社事件，基本上是原住民族傳統的智慧對抗現代軍事武力侵略的事件，部落自治對帝國殖民統治的戰爭，有尊嚴的原住民向壓迫侵害人權的日帝政權宣戰的一場戰役。如果，我們仔細研究總督府和當時抗爭到底的德哥塔雅原住民對霧社事件的原因的看法時，就會很明顯發現到不同的對比。

　　首先，談日本帝國的看法。在霧社事件爆發後，統治台灣政權的總督府，拉不下面子，也無法向日本的「天皇」交代。因為，區區百餘位原住民族的對抗，不但無法即時予

以鎮壓，還在台灣島內、國際媒體上弄得烏煙瘴氣，嚴重影響日本軍國主義天皇思想的威信。所以，無論如何台灣總督府想盡辦法要為自己解套。根據台灣總督府調查報告的結論，他們認為當時原住民揭竿起義的原因，歸咎在原住民本身的習性。他們信誓旦旦的指出，霧社事件不是原住民對日帝的「理蕃」政策上的個人恩怨或不滿，而是原住民與生具有之群體意識的排他性、孤傲寡歡，始終無法與異族融合在一起。[5] 況且，原住民族馘首之害盛行，讓人不寒而慄，因而，起之原住民族「蕃害」所引起的叛亂，是霧社事件最根本的原因。正如總督府一直認為原住民族生性慓悍，好戰之徒，傳統上有「獵首級」的惡習，因此怪癖一發，造成了霧社事件。[6]

其次，關於起義者及其遺屬的看法。霧社事件源自日帝的恐怖「蕃策」。它有內外的因素：內在因素是，日帝採以「以蕃制蕃」的措施，挑起種族衝突，讓原住民感到無法忍受。比如在霧社事件的前兩週，也就是在1930年10月5日，日帝唆使布農族干卓萬社壯丁二百餘人，將前來埔里購買生活用品的霧社群人，從「姊妹原」商店回途中，殺死了一百三十多人，因而挑起了種族的衝突，削弱霧社地區原住民的勢力。[7] 另外，他們也唆使所謂的「味方蕃」，即霧

---

5　中川浩一、歌森民男合編，《霧社事件：台灣高砂族の蜂起》（東京：株式會社三省堂，1980），4。

6　中川浩一、歌森民男合編，《霧社事件：台灣高砂族の蜂起》，4。

7　張炎憲、李筱峰、莊永明等編，《台灣近代名人誌（第五冊）》（台北：自立晚報，1990），30-31。

社事件發生後，唆使親日本的陶查、托洛克成為協助日人反擊起義的六個社之原住民，加深了原住民族群部落之間的仇恨，造成各社部落族間的互相殘殺。[8] 日帝如此借刀殺人的卑劣手段，令起義者憤恨不已。

　　外在的因素是，日本帝國以強力的軍事行動，以及寧可使用國際所禁用的化學毒氣，對於「不歸順蕃」進行大屠殺，使原住民傷亡慘重。[9] 身為馬赫坡酋長的莫那魯道了解，面對日帝雙層的壓迫，勢必導致族人「滅亡的危機」，[10] 當時起義的原住民，都意識到不仗義起來反抗，也會遭到滅族的命運，倒不如揭竿起義或許還會有生存的希望。因此，大家都感受到非採取「決死」的行動不可，與其在日帝苦役、壓迫下苟且偷生過活，倒不如有尊嚴地抗爭到底。所以，在各社部族的會議商討下，莫那魯道對猶疑不決的荷高社頭目說：「不體諒同族的苦難，苟且偷安想要袒護日人的歪想⋯⋯」[11] 由這句話不難看到起義者的觀點，在於族人的生存遭到日帝軍國主義強力的壓迫。如此一來，弱勢民族必遭致滅亡，因此為了族人的生存，務必「決死」抗爭，與希伯來在埃及法老神權殖民下之處境類似；摩西的受

---

8　張炎憲、李筱峰、莊永明等編，《台灣近代名人誌（第五冊）》，32。

9　史明，《台灣人四百年史》（台北：自由時代週刊，1990），683。

10　關於「滅亡危機」論而引起的霧社事件，從日本學者中川浩一的觀點，可以得到證實。參見中川浩一、歌森民男合編，《霧社事件：台灣高砂族の蜂起》，5-6。

11　廖祖堯，《台灣史雜談》（台北：自立晚報，1989），136。

召豈不也是「拚死」以救族人嗎？

　　目睹並參與事件的蔡建才、蔡茂琳兩兄弟，也是莫那魯道的弟弟說出積怨已久的肺腑之言：

> 當時日本凌虐原住民的情形，讓祖先們感到相當的不滿，日本人要祖先拖運木材，卻又不給工資，不把祖先當人看，而把他們當成牛馬一般使喚，因此在積怨難消的情形下，祖先們會揭竿起義。[12]

　　由這番話可以理出起義者及其遺屬的看法：霧社事件是因為日本帝國苦役、欺壓、虐待，以及凌辱婦女，為霧社事件的導火線。又事件中，重要的女性之一高彩雲女士，[13] 目睹霧社事件中族人抗爭中悲慘的景象，對霧社事件做了這樣的詮釋：那是原住民用生命的血與淚所構成原住民的「血淚史」。[14] 以上三者的觀點，可涵蓋起義者對霧社事件的看法。

　　從起義者及其遺屬的觀點，雖然沒有提到原住民族自治這樣的字眼，但這並不表示原住民族就沒有自治的概念。或許有人會因為這樣而認為，沒有必要把霧社事件和原住民族的自治，併在一起來討論。然而，霧社事件是德哥塔雅原

---

12　記者游文玉的報導，見《民眾日報》（1980/10/28）。

13　為了高彩雲腹中的骨肉，花岡二郎力勸其妻要堅強的活下去，不可隨他而自殺，之後將她交給親屬照顧。

14　白慈飄，〈訪高彩雲女士憶霧社事件〉，《聯合報》（1981/10/27）。

住民族本身親身體驗的歷史事實，它不僅對德哥塔雅非常重要，對台灣原住民族也非常的重要。因爲，起義者的抗爭，是對日帝的原住民族政策之不滿，而認爲傳統的社會結構與生活方式，才會讓原住民族的生命得以延續。如果在日本「理蕃政策」的統治下，過著得過且過的生活，不是被同化，就是族群將被滅絕。

因此，當時雖然沒有自治的政治藍圖，也沒有明文的自治的細則條文與規定，但傳統的社會結構與生活方式，確實是具有自治內涵的原始社會制度。換句話說，原始社會制度的自治內涵，即是沒有像日本「理蕃政策」統治下，讓族人民不聊生，而是沒有所謂的欺壓、迫害、歧視、虐待、苦役，以及凌辱婦女，充份享受與大自然爲伍而自由自在的生活。正如阿威嚇拔哈口述說：

> 日本人未統治以前，我們過的是自由、愉快的狩獵及農耕的生活。然而，自從設置駐在所進駐警察，我們受到的是不講理的殘酷統治，我們賽德克族視如命根子的槍枝無端被沒收，即使是爲了狩獵也不容易向駐在所借到槍枝，有幸借到時也僅能發給一兩發子彈。警察總是有理由禁止借用槍枝。當上級的官員來駐在所巡視時，我們都被召集到駐在所前面，列隊迎接上級警官。遇到農忙期時常會耽誤耕作，而使我們爲難。[15]

　　所以，從上述的討論，我們可以理出一個結論，原住民族在霧社事件的揭竿起義，基本上也是為族群原始社會制度之自治而戰的霧社事件。

## 在霧社事件中原住民族自治的議題

　　從前述已知對霧社事件不同的看法，我們必須研究霧社事件對原住民究竟有何更深層的意義與衝擊？這個問題是霧社事件的癥結所在。當時的《台灣新民報》也提出質疑，關於霧社事件原住民騷動的原因，除了苦役、凌辱婦女等等迫害外，應該還有更深刻的潛在意識之因素。[16] 就本文之探索，所謂的「更深刻的潛在意識之因素」，即指政經、宗教、文化，以及人性與文明等問題的層面，因此本節要從這六個範疇，闡述霧社事件所凸顯有關原住民情境的問題。

　　對殖民者來說，政治和經濟是日本帝國壟斷一切利益的一貫伎倆，兩者「互相覆疊支持」。[17] 殖民化下的政治策略和經濟開發，[18] 對原住民來說，無疑地就是原始社會結構的

---

15　許介鱗，《阿威赫拔哈的霧社事件證言》（台北：臺原，2000），
　　23。

16　見於《台灣新民報》之「冷語」欄，昭和5年11月8日。

17　史賓格勒，《西方的沒落》（陳曉林譯，台北：桂冠，1985），
　　515。

18　對於政治策略的運用，經濟開發的效益，筆者不但不是這方面的研究
　　者，也不是本論文所要探討的方向，本文只就政經策略的過程中，著
　　重在原住民所受到的傷害而產生層出不窮的問題，做個探討。

瓦解，也是傳統自給自足式經濟制度的破產。因爲，政經策略不但戕害原住民的自治精神，而且還製造日後原住民諸多的問題。本節僅列三個問題加以說明。

第一，酋長權力的問題。原住民雖然沒有嚴謹的社會制度，但有部族自治區的原始社會制度，[19] 是自律性很強的民族，因而很少有社會的問題。原住民酋長是部族最高權力的中心，早期以色列民族，也是鬆散的原始民主社會，並擁戴士師爲「酋長」，尚能和平地度過了二百年的生活。[20] 現在的大帝國主義，不是崩潰了嗎？蘇聯的解體，東歐共產國家的瓦解，大英國協的版圖也在動搖，這就是說明了「權力」、「民族」的問題，不僅是台灣原住民的問題，也是世界性的問題，更是神學性的問題。

日帝清楚知道，酋長的權力在部族中佔了很重要的地位，只要削弱酋長的權力，必對「蕃策」具有事半功倍的效果。因此，日帝以強硬的手段掠奪酋長的權力，意圖取代酋長的地位。日帝爲了強化日本警察的統治權，利用原住民的勞力，實施義務的勞役從事興建派出所、開闢道路、架設路橋、電話等，單單在霧社管轄區內，就有高達二十三個派出所，[21] 其目的很顯然，即以日本警察做爲部族的政治權力中

---

19　森丑之助認爲原住民族間，並沒有以族爲聯繫的單位，而以「部族」爲祭祀與政治上的同盟集團。森丑之助，《日據時代台灣原住民生活圖譜》（台北：自立晚報，1977），4。

20　Dewey M. Beegle, *Moses, The Servant of Yahweh* (Grand Rapids: William B. Ferdmons Publishing Company, 1972), 49.

21　威嘉林，《台灣史（下冊）》（台北：自立晚報，1986），173。

心，來削弱酋長的權力。爲了取得原住民的信賴，日帝鼓勵
日警娶原住民小姐爲妻子，以表示日本與原住民不再是兩個
民族，在霧社地區就有四位日本警察娶原住民的少女爲妻，
莫那魯道的胞妹也被迫嫁給在花蓮的日本警察，後來被虐待
而遭遺棄。[22] 利用這樣的婚姻關係，來擴張並鞏固警察的權
力，進而以威壓的方式迫使原住民絕對服從，以達到日警在
原住民社會中具有司法、行政、指揮等等的權力，並兼具憲
兵、軍隊的地位。[23] 除此之外，日帝爲了徹底掠奪酋長的權
力，用「半山人」做線民，意圖分化族人對酋長的信心。因
上述諸因，不但造成酋長公信力的大減，而且在原住民的社
會開始呈現了亂象，甚至導致原始社會制度的瓦解。因此霧
社事件凸顯出權力的問題。

第二，強迫遷村的問題。在1915年，討伐「蕃人」五年
計劃結束後，日帝趁勝追擊地強迫原住民「集體遷村」。[24]
遷村雖名爲保障原住民的生活，授與現代化的生產技能和教
育，[25] 但不難看出其意圖，在於加速同化原住民，迫使台灣
的原住民成爲歷史的名稱。強迫遷村是「理蕃」另一個基本

---

22　威嘉林，《台灣史（下冊）》，141-144。

23　Cf. Yosaburo Takekoshi, *Japanese Rule in Formosa* (Tr. G. Braithwaite, London & New York: Longmans, Green and Co., 1970), 144-152.

24　大川正彥，〈少數民族的社會變化與現況〉，《台灣學術研究會誌（第五期）》（東京：台灣學術研究會編輯出版委員會，1991），70-71。

25　鈴木質，《台灣蕃人風俗誌》（台北：武陵出版有限公司，1991），255-256。

的政策，正如大川正彥認爲，這個政策乃是將原住民變成
「純粹的大和民族」，進而使之「皇民化」。[26] 就以南澳鄉
的泰雅爾族而言，因著強迫遷村，逐漸失去自己的文化，大
多數的泰雅爾族原住民都使用日語。做爲一個民族而言，一
旦失去了自己的語言、文化，就已經被同化了。

　　所以強迫遷村，不僅剝奪了原住民「住」的權利，同
時原住民的土地，以及賴以維生之廣大山林的資源，自然而
然在日帝的掌控下，便可以予取予求地砍伐高經濟利益的山
林，以取得豐厚的經濟利益。這種強迫遷村，延續到今日的
國民黨政權，即使原住民不願遷村，藉著斷線斷路、國家公
園的規劃、林務局的森林法、興建水庫、以及核能廢料場等
各種的措施，以迫使原住民自動放棄村落。被趕出家園，又
失去土地而過著討海、礦工、捆工的日子，以及從事高危險
工作的原住民，成爲社會的邊緣人。時下痛苦的原住民，在
被趕出家園時，說出了要被強迫遷村的痛苦控訴：「我們是
台灣的原住民，今天卻被趕來趕去，幾近貧無立錐之地，這
種不平等的遭遇，叫我們怎能不提出控訴！」[27] 被迫趕出家
園的問題，也是世界原住民的問題，正如當今巴勒斯坦原住
民的問題，他們的家園、土地被以色列佔領後，導致原爲
「牛奶與蜜」之地，竟然淪落爲流血不斷之處，爲三千年來

---

26　大川正彥，〈少數民族的社會變化與現況〉，74。

27　黃美英，〈台灣土著移民的都市適應與人權現況〉，中國人權協會主
　　編，《台灣土著的傳統社會文化與人權現況》（台北：大佳出版社，
　　76），253。

一直無法解決的問題，這就是強迫遷居、掠奪土地的後遺症，加諸在原住民的痛苦上，因此原住民的抗爭是忍無可忍的事。

第三，開發「蕃地」的問題。日帝為了鞏固統治台灣的政治權力，以國家的強權，掠奪了台灣的土地與山林。[28] 在掠奪的過程中，不但屠殺了頑強抵抗的原住民，且以強硬手段，迫使原住民遷到平地，其目的就是「開發蕃地」，其實乃為壟斷經濟的資源。[29]

日帝為了經濟利益，不但摧殘了原住民的生活方式，也管制了狩獵的自由，更可悲的是，在開發「蕃地」的政策下，反而又強迫原住民成為經濟發展的奴隸，[30] 自己獨享經濟上的利益。日帝如此掠奪原住民的土地與資源，又剝削原住民的勞力，在這種不平等的經濟制度下，凸顯出弱勢民族的無奈，與多層次壓迫的問題。因此在霧社事件中，大家放手一搏是可以了解的事。

綜合上述論點，日帝壟斷了原住民的政治權力，造成了原住民社會權力的失衡；政策性的強迫遷移，導致原住民日後成為社會的邊際人；經濟資源上的剝削，迫使原住民淪為經濟發展下奴隸的勞動者，其遭遇慘不忍睹。因此政經上所產生原住民諸多的問題，乃是台灣和世界弱勢民族共同的問題，也是神學上的問題。

---

28　史明，《台灣人四百年史》，341-343。

29　大川正彥，〈少數民族的社會變化與現況〉，73。

30　大川正彥，〈少數民族的社會變化與現況〉，73-74，並參見註6。

　　第四，宗教自由的問題。原住民的宗教信仰，大致上是祭祀祖宗，崇拜自然神和精靈等的多神教。[31]泰雅爾族是屬於祖靈崇拜：認為祖靈是宇宙的主宰，具有無上的權力，支配人類社會一切的活動。泰雅爾族因為與祖靈具有淵源的關係，莫不敬畏祖靈，嚴禁任何人冒然褻瀆。這種深植原住民生活各層面的宗教信仰，亦遭到日帝有計劃性的破壞。因此，日帝在宗教上的破壞，是霧社事件蜂起很重要的原因之一，但一般學術的探討皆避而不談霧社事件的宗教問題，實在很可惜。

　　日帝必然知道宗教信仰，根深柢固地影響原住民的精神與物質上的生活，不易破除，但為了造成原住民宗教來抵觸日本的政治公權力，便以先入為主的觀念，將原住民的宗教信仰，視為「理蕃政策」上最大的障礙。為了合理化此觀點，藉著親日帝的學者鈴木作太郎的研究指出，原住民宗教上的迷信與風俗，在將來的撫育與「理蕃」之政策上，勢必遭到最大的障礙。[32]

　　這種御用的學者，處處為統治者的政策講話與寫作，使他對原住民的宗教與風俗的研究，早已存有偏見，且造成原住民日後受壓迫的源頭。一言以蔽之，日帝統治者御用的知識份子，害慘了台灣原住民，他們的國是建言與研究，總是

---

31　呂炳川，《台灣土著族音樂》（台北：百科文化事業股份有限公司，1982），10。原住民後大多已改信基督教。

32　鈴木作太郎，《台灣的蕃族研究》（台北：台灣史籍刊行會，1932），367-369。

被統治者接納與看重，因此用各種方法，詆毀原住民的宗教信仰，使之與其既定的政策起衝突，以便有理由假「教化」之名，[33] 進行原住民宗教上的挾制與破壞。

由起義者的祖靈崇拜的信仰中，可知日帝如何破壞原住民的宗教信仰。泰雅爾族以大霸尖山爲「聖山」，廣大的林地爲「聖地」，森林爲靈魂的「故鄉」。[34] 一般來說，原住民的宗教信仰，與自然有關連性，迦南地的原住民也是崇拜自然的神祇。[35] 但原住民的宗教，卻是殊途同歸地被破壞，難道原住民的宗教毫無價值嗎？這是一個神學的問題。

日帝無視於原住民的宗教，爲了經濟的利益，大量砍伐森林，又強迫利用原住民的勞力砍伐山林，這對於原住民來說，非單純「工資」的問題，[36] 而是宗教信仰的問題。因爲砍伐「聖木」，被視爲「虐殺自己的神」。所以砍伐山林，也就是弒殺了自己的祖靈，這在原住民的宗教倫理上，是最忌諱又很不人道的事。因此，當原住民被迫砍伐而發生意外

---

33　佐藤五郎、東鄉實著，《台灣殖民發達史》（台北：晃文館書店，1915），124-125。

34　王孝廉，〈關於霧社事件（上）〉，《夏潮》（第一卷第七期，1976），15。

35　F. M. Cross: "In the earliest poetic sources the language depicting Yahweh as divine warrior manifest is borrowed almost directly from Canaanite descriptions of the theophany of Baal's storm god." 迦南的神祇以暴風顯現，這顯然是崇拜自然神祇。Cf. F. M. Cross, *Canaanite Myth and Hebrew Epic: Essays in History of the Religion of Israel* (Cambridge, Massachusetts: Harvard University Press, 1973), 147.

36　鈴木作太郎將苦役中遲發工資，剝削一半的工資視爲原住民蜂起的原因之一。鈴木作太郎，《台灣的蕃族研究》，456-457。

時，就被視爲「神發怒了，神要毀滅我們了」。這種宗教問題所帶來的痛苦與傷害，爲起義的先人做了最好的註解。

原住民的宗教受到蹂躪時，日帝卻繼續強迫原住民接受「神道教」。[37] 爲徹底「教化」原住民，[38] 日帝仗著政治的手腕，將神社林立在原住民各聚落，強迫原住民「改教」皈依「神道教」。由此可知，「神道教」是以「國家化」的宗教自居，與尼布甲尼撒王製造「金像」命令全國敬拜，並無兩樣，這種「國教」的問題，造成原住民宗教的危機。另一點，「神道教」也以宗教中心主義與政治、經濟結合成「三合林」的強大權力，迫害原住民既有的宗教，因而產生了宗教衝突。「神道教」凌辱原住民的宗教信仰，四處散播原住民宗教信仰落後、迷信、以及野蠻，又用行政命令要原住民放棄自己的宗教信仰，進而強迫原住民信奉「神道教」。如此百般詆毀原住民的宗教，難怪原住民積怨加深，伺機動干戈反迫害，乃是人類爲求生存的自然防衛。

日帝迫害原住民的宗教，促成原住民的怒吼，可從揭竿起義的當天，搗毀並火燒多處神社見其一斑，連躲在神社的日本人，都無一倖免。這樣的宗教衝突，造成官逼民反，宗教衝突也成爲人類的災難。如猶太教與回教的衝突、錫克教與印度教的衝突，殘害了不少人的性命。

第五，文化自主的問題。文化的問題，是霧社事件所凸

---

37　鈴木作太郎，《台灣的蕃族研究》，111。
38　鈴木作太郎，《台灣的蕃族研究》，111。

顯的問題之一，因著文化上的差異，釀成了「敬酒事件」。所謂「敬酒事件」，是在1930年10月7日中午，在馬赫坡社有一對青年舉行婚禮，正當他們忙於殺牛時，莫那魯道的長子達達歐‧莫那看到日警吉村正巡視該地，於是誠懇地邀請吉村參加他們的喜宴，吉村認為原住民的飲食不衛生而婉拒。達達歐‧莫那見吉村要離開，使用族人最高尚的待客之道要與吉村共飲竹杯上的酒。吉村由於看見達達歐‧莫那手上染些牛的血漬而拒絕，二人在拉拉扯扯下，酒倒下而沾濕了吉村的警衣，於是吉村生氣得用拐杖猛打達達歐‧莫那。達達歐‧莫那與他的弟弟和一些不平的族人，見義勇為起來反抗，並且痛痛快快地猛揍吉村，使他很狼狽的回去。[39]

　　這個敬酒事件的故事，凸顯出日本警察在文化上的優越感，輕視原住民高尚待客之道的傳統文化。事實上，敬酒事件是小事，但其背後文化上的宰制與優越感，才是大事，因為日帝以威權掌控了受統治者的一切文化。特別在1930年後，利用國家的權力，進行「文化上的壓迫」，摧殘了原住民傳統的文化，導致族人原來自由自主的文化，竟然淪落為文化上的斷層，[40] 甚至瀕臨被毀滅的邊緣。到底日帝如何壓迫原住民的文化呢？

　　首先，吳鳳神話之文化上歧視的問題。依據史料的記

---

39　鍾孝上，《台灣先民奮鬥史》（台北：台灣文藝，1983），542-544。

40　黃美英，《台灣文化斷層——現象評析》（台北：稻鄉出版社，1990），17。

載，吳鳳只是一名「通事」，在對抗原住民時蒙難的。對於吳鳳「殺身成仁」的故事，首先揭發其為編造虛構神話故事的，是陳其南博士。他根據連橫所寫的《台灣通史》有關吳鳳事件做歷史批判，他發現吳鳳故事，有許多疑點，與事實有異。他認為吳鳳不是為感化原住民而「殺身成仁」，因為陳其南認為，這種說法是官方刻意所虛構的故事。事實上，吳鳳的故事是典型的「漢蕃關係」：

> 漢人步步進逼，無所不用其極，蕃人則不斷退縮。
> 這種衝突是無可避免的，否則漢人連一塊地也別想
> 要。[41]

　　這樣虛偽的故事，經由日帝加以編造虛飾，搖身一變就成為官方文教推廣下的民族英雄，原來他只是為漢人的利益與原住民嚴重衝突而死，並不是為了感化原住民而「殺身成仁」，但經過刻意的偽造後，卻變成為感化原住民去除獵首的惡習而死。[42] 這種傳神的神話故事，無人懷疑製造神話者的動機，一世紀來，吳鳳神話卻這樣一直抹黑原住民文化的尊嚴，加深了對原住民的種族歧視，助長了台灣各族群間的隔閡和衝突的意識。

　　關於吳鳳神話故事對原住民的傷害，在政治方面，是合

---

41　陳其南，《文化、結構與神話》（台北：允晨文化事業股份有限公司，1986），117。

42　陳其南，《文化、結構與神話》，117。

理化統治者對原住民族群的壓制和同化的策略，進而要求原住民當學像鄒族那樣地悔過與馴服，不可能容許原住民有任何主權性的政治空間。在文化方面，不但沒有客觀而真實地交代有關「獵首」的由來和原因，反而將之扭曲成為野蠻行為的象徵，加深非原住民對原住民文化的偏見和歧視。在人性方面，由於吳鳳神話故事經由教科本的強迫性「教育」而普及化，助長了漢人對原住民的歧視，使原住民的人性需要背負著野蠻、醜陋的污名，造成台灣原住民在台灣社會各階層遭受傷害，人格亦飽受多重的汙衊。[43] 吳鳳神話的偽造，扭曲了原住民的歷史文化，傷害了原住民的尊嚴。

　　另外，就是語言的問題。語言乃人類與生俱來的天賦，不僅是上帝賦予人類的恩賜，也是人類歷史文化的精髓。難怪保羅・田立克（Paul Tillich）說：「語言是創造文化的基礎。」[44] 所以語言既不容被剝奪，也不能被限制。

　　然而日帝卻不顧語言的尊嚴、文化「多元性」的價值，一味地進行文化的改造，在台灣強行「日語化」，在學校裡只用日語，所謂的「方言」[45] 被嚴格的禁止。殖民統治者這種強制性的手段，與秦始皇、共產極權和外來統治者的做法，並無兩樣。在這樣的衝擊下，原住民的語言逐漸式微，

---

43　有關吳鳳神話故事對原住民的傷害，詳見黃美英，《台灣文化斷層——現象評析》，136-138。

44　Paul Tillich: "For language is the basic cultural creation." Cf. Paul Tillich, *Theology of Culture* (London: Oxford University Press, 1955), 41.

45　方言，是在殖民帝國統治下被歧視的母語。

就以南澳鄉的泰雅爾族來說，他們用日語比泰雅爾語更普遍。

最後，關於姓氏的問題。原住民的姓氏，不同於漢系民族之有姓有名，就原住民而言，除了排灣族、布農族等等稍有不同外，其他的泰雅爾、太魯閣、賽夏以及起義的霧社群諸族是用「父子連名」。也就是說，孩子的名字與父親的名字連合，父親的名字與祖父的名字連合，祖父的名字與曾祖父的名字相連，是延續了族群的命脈，且被視為光耀祖靈，很少有亂倫或近親結婚的案件。

然而，日帝卻無視於原住民的社會倫理、傳統固有的文化價值，而實施全面性文化上的「掃黑」行動，強迫原住民改成日本的姓名，供奉日本「神道教」，因而破壞了原住民姓氏的自主性。這樣一來，以父子連名來認同祖靈，也被迫斷根，原住民就像「失根的蘭花」，沒有祖先，沒有祖靈，這樣強迫原住民與祖先斷絕關係，又要移花接木地成為日帝的「臣民」，對原住民來說，是極為殘酷的手段。

總而言之，德哥塔雅的原住民所發動的霧社事件，不僅是為了他們的生命而戰的事件，而且原住民為了反抗日本帝國的壓迫，發揮了原住民寧死不屈的人性光輝，視死如歸的抗爭到底，這樣的反壓迫爭自覺、反同化爭自由、反奴化爭自主、反歧視爭尊嚴的精神，也正是後來「二二八事件」台灣漢人的精神。我們可以這樣說，今日台灣人走出自我做主的活路，正是由數以百計類似於原住民的「霧社事件」、漢人的「二二八事件」之抗爭所累積而成之精神遺產所開創

的。

　　無論是原住民、客家人、福佬人、新住民，只要是為了愛護台灣各族群人民的生命，或是為了熱愛台灣這塊土地，所做的任何抗爭、奮鬥、犧牲，在有形、無形中都是在增強台灣人自我做主的精神。因為他們的犧牲，不但沒有白白的落空，更要在原住民尋求自立自主，以及台灣人民追求民主、自由、平等，維護人權的歷史中，流芳萬年。所以，我要在這裡語重心長的呼籲，當把霧社事件的台灣精神，訂定為原住民的國定紀念日，讓原住民的熱愛鄉土，認同部落的原住民，成為台灣人民共同的紀念日。

柒

# 為原住民宗教自由與自治權利而戰的霧社事件

　　霧社事件研究會成立迄今，在短短的半年來，舉辦了兩次霧社事件研討會。第一次是在台中市舉辦研討會；這次在玉山神學院舉辦的霧社事件第二次研討會，特別用「宗教文化」為主題來談霧社事件，即是霧社事件研究的一項最重要的創舉，因為舉凡霧社事件的研究者，無論是民間專家學者，或是官方的文件資料上的報告，皆未曾有過用原住民的宗教文化闡釋其歷史的意義。

　　這並不是說，原住民宗教的因素是導致霧社事件最主要的原因之一，是不被人意會到的事。相反的，日本政府不但很了解原住民的宗教信仰，而且還故意的把宗教信仰扭曲為「理蕃政策」最大的障礙。因此，日帝在調查霧社事件的前因後果時，有意把原住民宗教信仰，排斥在調查報告之外，也因為如此，使後進的學者們，包括原住民本身，也如法炮製漠視自己宗教的內涵。因此，本講義著重在為原住民宗教自由而戰的霧社事件。

## 宗教迫害是霧社事件的主因

1997年筆者在美國進修時，接到一封海外學人胡民祥的信，信中說到他讀完了筆者的小作《寧死不屈的原住民：霧社事件的故事神學》後，他說：

> 您的大作以原住民的觀點，從政治經濟下手，然後再深入文化、語言、宗教的層面，分析事件的起因。日帝對原住民的滅族政策，一次、二次、三次霧社事件的史實，讓人認清日帝的邪惡與殘暴。我從來沒有思考過宗教迫害的層面，是導致霧社事件的主因。經過您的分析才掌握到了。台灣原住民的宇宙觀，視人與大地、山林、河川是一體的，這跟美洲原住民印第安人是相通的。日本人搶奪原住民山林聖山，人神的故鄉，徹底瓦解原住民信仰。[1]

從胡民祥的評述可知，若站在原住民宗教的立場來解析霧社事件時，毫無疑問的：「宗教的迫害，是霧社事件的主因。」問題是，日帝如何迫害原住民的宗教？他們又如何毀壞德哥塔雅原住民傳統的信仰？這種原住民的宗教信仰深植在原住民生活各層面上，也遭到日帝有計劃性的迫害。因

---

1　胡民祥於1997年3月15日信中的一段話

此，日帝在宗教上的迫害，是霧社事件崛起很重要的原因之
一，但一般的學術的探討皆避而不談霧社事件的宗教問題，
實在很可惜。

　　日帝必然知道宗教信仰，根深蒂固地影響原住民的精
神與物質上的生活，不易破除，但爲了造成原住民的宗教信
仰來抵觸日本帝國的公權力，便以先入爲主的觀念，將原住
民的宗教信仰視爲「理蕃政策」上最大的障礙。爲了合理化
此觀點，藉著親日帝的學者鈴木作太郎的研究指出，原住民
宗教上的迷信與風俗，在將來的撫育與「理蕃」之政策上，
勢必遇到最大的障礙。[2] 這種御用的學者，處處爲統治者的
政策講話與寫作，使他對原住民的宗教與風俗的研究，早已
存有偏見，且造成原住民日後受壓迫的源頭。一言以蔽之，
日帝統治者御用的知識份子，害慘了台灣原住民，他們的國
是建言與研究，總是被統治者接納與看重，因此用各種的方
法，詆毀原住民的宗教信仰，使之與其既定的政策起衝突，
以便有理由假「教化」之名，[3] 進行宗教上的挾制與破壞。
這種情形，也在當今國民黨統治下的台灣宗教團體重演。執
政當局在戒嚴時期，欲制定「宗教法」來滲透和控制宗教，
而將憲法上人民有宗教自由的明文規定擺在一邊。關於制訂
「宗教法」的動機，《台灣教會公報》社論的看法認爲：

---

2　鈴木作太郎，《台灣的蕃族研究》（台北：台灣史籍刊行會，
　　1932），367-369。
3　佐藤五郎、東鄉實，《台灣殖民發達史》（台北：晃文館書店，
　　1915），124-125。

> 乃是為要將宗教納入行政管理的「規範」之中，務
> 必使之順從行政主管當局的管束，以維護「社會安
> 寧」，達到「符合現行基本國策」，維護「國家安
> 全」為目的。[4]

　　這種為維護社會安寧、國家安全的美麗口號，其實是要
破壞宗教自由的體制，以便將宗教納入行政管理的規範中，
意圖將宗教變成為宰制人民的工具，來鞏固其統治的權力。
如此由統治者所挑起的宗教問題，已經成為世界諸宗教的問
題，且儼然成為嚴肅的神學問題。

　　實際上，就如日帝所預期的，視原住民的宗教為違反其
「蕃策」，因而將「撫育」原住民的失敗與緩慢，順水推舟
地嫁禍在原住民的宗教信仰。山崎繁樹和野上矯介都認為台
灣原住民獵人頭的野蠻行為，之所以難以杜絕的原因，在於
宗教的迷信，因而造成「撫育」原住民最大的障礙。[5] 這種
「嫁禍宗教」的政治手段，在初代教會也發生類似的事件。
即尼祿皇帝將羅馬城內的火燒事件，歸咎到基督徒的身上，
殘害了許多基督徒的生命。[6] 因此怪罪和歸咎的背後，總是

---

4　《台灣教會公報》（第1633期，1983年6月12日）。
5　山崎繁樹、野上矯介，《台灣史1600~1930》（台北：武陵出版社，
　　1990年2月再版），273。
6　華爾克，《基督教會史》（謝受靈譯，香港：基督教文藝出版社，
　　1979年7月三版），50。

危害了不少無辜人的性命。

　　由起義者的祖靈崇拜的信仰中，可知日帝如何破壞原住民的宗教信仰。泰雅爾族以大霸尖山為「聖山」，廣大的林地為「聖地」，森林為靈魂的「故鄉」。[7] 一般來說，原住民的宗教信仰，與自然有關連性，迦南地的原住民也是崇拜自然的神祇。[8] 原住民的宗教，卻是殊途同歸地被破壞，難道原住民的宗教毫無價值嗎？這是一個神學問題。

　　日帝無視於原住民的宗教，為了經濟的利益，大量砍伐森林，又強迫利用原住民的勞力砍伐山林，這對於原住民來說，非單純「工資」的問題，[9] 而是宗教信仰的問題。因為砍伐「聖木」，被視為「虐殺自己的神」。所以砍伐山林，也就是弒殺了自己的祖靈，這在原住民的宗教倫理上，是最忌諱又很不人道的事。因此當原住民被迫砍伐而發生意外時，就被視為「神發怒了，神要毀滅我們了」。[10] 這種宗教問題所帶來的痛苦與傷害，為起義的先人做了最好的註解。

　　原住民的宗教受到蹂躪時，日帝卻繼續強迫原住民接受「神道教」（Shintoism）。為徹底「教化」原住民，日帝仗著政治的手腕，將神社林立在原住民各聚落，強迫原住民「改

---

7　王孝廉，〈關於霧社事件（上）〉，《夏潮》（第一卷第七期，1976），15。

8　F. M. Cross, *Canaanite Myth and Hebrew Epic: Essays in History of the Religion of Israel* (Cambridge, Massachusetts: Harvard University Press, 1973), 147.

9　鈴木作太郎，《台灣的蕃族研究》，456-457。

10　鈴木作太郎，《台灣的蕃族研究》，111。

教」皈依「神道教」。由此可知，「神道教」是以「國家化」的宗教自居，與尼布甲尼撒王製造「金像」命令全國敬拜，並無兩樣，這種「國教」的問題，造成原住民宗教的危機。

另一點，「神道教」也以宗教中心主義與政治、經濟結合成「三合林」的強大權力，迫害原住民既有的宗教，因而產生了宗教衝突。「神道教」凌辱原住民的宗教信仰，四處散播原住民宗教信仰落後、迷信以及野蠻，又用行政命令要原住民放棄自己的宗教信仰，進而強迫原住民信奉「神道教」。如此百般詆毀原住民的宗教，難怪原住民積怨加深，伺機動干戈反迫害，乃是人類為求生存的自然防衛。

日帝迫害原住民的宗教，促成原住民的怒吼，可從揭竿起義的當天，搗毀並火燒多處的神社見其一斑，連躲在神社的日本人，都無一倖免。這樣的宗教衝突，造成官逼民反，宗教衝突也成為人類的災難。如猶太教與回教的衝突、錫克教與印度教的衝突，殘害了不少人的性命。

總而言之，日帝迫害原住民的宗教信仰，乃為壟斷政治的權力，謀取山林資源的經濟利益。原住民宗教信仰遭到破壞，可說是瓦解了自然生態的守護神之信仰，不僅是原住民的損失，也是象徵著自然生態資源，今後將淪為人類經濟快速發展下的祭物，更是台灣人民的大損失。

## 摧殘原住民的文化，
## 迫使原住民喪失自我的認同

　　文化的問題，是霧社事件所凸顯的問題之一，因著文化上的差異，釀成了「敬酒事件」。所謂「敬酒事件」，是在1930年10月7日中午，在馬赫坡社有一對青年舉行婚禮，正當他們忙於殺牛時，莫那魯道的長子達達歐‧莫那看到日警吉村正巡視該地，於是誠懇地邀請吉村參加他們的喜宴，吉村認爲原住民的飲食不衛生而婉拒。達達歐見吉村要離開，使用族人最高尚的待客之道要與吉村共飲杯裡的酒。吉村由於看見達達歐手上染些牛的血色而再拒絕，二人拉拉扯扯下，酒倒下而沾濕了吉村的警衣，於是吉村生氣得用拐杖猛打達達歐。達達歐與他的弟弟和一些不平的族人，見義勇爲起來反抗，並且痛痛快快地猛揍吉村，使他很狼狽的回去。[11]

　　這個敬酒事件的故事，凸顯出日本警察在文化上的優越感，輕視原住民高尚待客之道的傳統文化。因此鍾孝上將「敬酒事件」視爲霧社事件的近因。事實上，敬酒事件是小事，但其背後文化上的宰制與優越感，才是大事。因爲日帝以威權掌控了受統治者的一切文化。特別在1930年後，利用

---

11　鍾孝上，《台灣先民奮鬥史》（台北：台灣文藝出版社，1973年2月再版），111。

國家的權力，進行「文化上的壓迫」，摧殘了原住民傳統的文化，導致原住民由原來自主性的文化，竟然淪落為文化上的斷層，甚至瀕臨被毀滅的邊緣。到底日帝如何壓迫原住民的文化呢？

首先，吳鳳神話之文化上歧視的問題。依據史料的記載，吳鳳只是一名「通事」，在對抗原住民時蒙難的。對於吳鳳「殺身成仁」的故事，首先揭發其為虛構神話故事的是陳其南博士。他根據連橫所寫的《台灣通史》裡有關吳鳳事件做歷史批判，他發現吳鳳故事，有許多的疑點，與事實有異。他認為吳鳳不是為感化原住民而「殺身成仁」。因為陳其南認為，這種說法是官方刻意所虛構的故事。事實上，吳鳳的故事是典型的「漢蕃關係」：

> 漢人步步進逼，無所不用其極，蕃人則不斷退縮。這種衝突是無可避免的，否則漢人連一塊地也別想要。[12]

這樣虛偽的故事，經由日帝加以編造虛飾，搖身一變就成為官方文教推廣下的民族英雄，原來他只是為漢人的利益與原住民嚴重衝突而死，並不是為了感化原住民而「殺身成仁」，但經過刻意的偽造後，卻變成為感化原住民去除獵首

---

12 陳其南，《文化、結構與神話》（台北：允晨文化事業股份有限公司，1986年3月三版），117。

的惡習而死。這種神話故事，無人懷疑製造神話者的動機，一世紀來，吳鳳神話卻這樣一直抹黑原住民文化的尊嚴，加深了對原住民的種族歧視，助長了台灣各族群間的隔閡和衝突的意識。

關於吳鳳神話故事對原住民的傷害，在政治方面，是合理化統治者對原住民族群的壓制和同化的策略，進而要求原住民當學像鄒族那樣地悔過與馴服，不可能容許原住民有任何主權性質的政治空間。在文化方面，不但沒有客觀而真實地交代有關「獵首」的由來和原因，反而被扭曲成為野蠻行為的象徵，加深非原住民對原住民文化的偏見和歧視。在人性方面，由於吳鳳神話故事經由教科本的強迫性「教育」而普及化，助長了漢人對原住民的歧視，使原住民的人性需要背負著野蠻、醜陋的污名，造成台灣原住民在台灣社會各階層遭受傷害，人格亦飽受多重的汙衊。[13] 吳鳳神話的偽造，扭曲了原住民的尊嚴。

另外，就是語言的問題。語言乃人類與生俱來的天賦，不僅是上帝賦予人類的恩賜，也是人類歷史文化的精髓。難怪保羅・田立克說：「語言是創造文化的基礎。」[14] 所以語言既不容被剝奪，也不能限制。

然而日帝卻不顧語言的尊嚴、文化「多元性」的價值，

---

13　有關吳鳳神話故事對原住民的傷害，詳見黃美英，《台灣文化斷層──現象評析》（台北：稻鄉出版社，1980年10月），136-138。

14　Paul Tillich: "For language is the basic cultural creation." Cf. Paul Tillich, *Theology of Culture* (London: Oxford University Press, 1955), 41.

一味地進行文化的改造，在台灣強行「日語化」，在學校裡只用日語，所謂的「方言」，被嚴格的禁止。殖民統治者這種強制性的手段，與秦始皇、共產極權和外來統治者的做法，並無兩樣。在這樣的衝擊下，原住民的語言逐漸式微，就以南澳鄉的泰雅爾族來說，他們用日語比泰雅爾語更普遍。

最後，關於姓氏的問題。原住民的姓氏，不同於漢系民族之有姓有名，就原住民而言，除了排灣族、布農族等等稍有不同外，其他的泰雅、太魯閣、賽夏以及起義的霧社群諸族是用「父子連名」。也就是說，孩子的名字與父親的名字連合，父親的名字與祖父的名字連合，祖父的名字與曾祖父的名字相連，以此類推，而形成一個宗族。這樣父子連名的宗教，是延續了族群的命脈，且被視為光耀祖靈，很少有亂倫或近親結婚的案件。

然而日帝卻無視於原住民的社會倫理、傳統固有的文化價值，而實施全面性文化上的「掃黑」行動，強迫原住民改成日本的姓名，供奉日本「神道教」因而破壞了原住民姓氏的自主性。這樣一來，以父子連名來認同祖靈，也被迫斷根，原住民就像「失根的蘭花」，沒有祖先，沒有祖靈，這樣強迫原住民與祖先斷絕關係，又要移花接木地成為日帝的「臣民」，對原住民來說，是極為殘酷的手段。

日帝剝奪了原住民的族姓，經過一世紀的歲月，原住民對族姓逐漸喪失了親切和認同感，此即當今原住民何以自卑

感重，甚至不認同原住民的因素吧！陳芳明說：「有人民、有土地、就有文化。」[15] 然而，原住民的土地被剝奪，人格被扭曲，那麼原住民的文化，應屬「植物人文化」而動彈不得！因為原住民的文化在殖民帝國主義與強勢民族的摧殘下，已殘缺如同「植物人」一般地苟延殘喘！

## 為原住民宗教自由與自治權利而戰的霧社事件

　　日帝以保護原住民的宗教自由為藉口，嚴格禁止任何宗教進入山區傳教。其實日帝背地裡暗藏玄機，以各種手法鎮壓原住民，強迫他們接受「神道教」，進而達到同化原住民的目的。面對日帝在宗教上的醜化、政治上的同化、自治權利上的迫害時，原住民採取了什麼護教的行動？原住民善盡了人道的立場，由莫那魯道代表族人向日帝警察對濫伐山林，表達嚴重的抗議。因為檜木是祖靈所在，砍伐這些聖木觸怒祖靈，並被視為虐殺神衹。在王孝廉所寫的〈關於霧社事件〉一文裡，很生動表達出原住民的宗教與大自然界森林緊密關聯的宗教情操：

　　森林是泰耶族山胞（指賽德克亞族之德奇塔雅的原住民）信

---

15　陳芳明，《鞭傷之島》（台北：自立晚報出版社，1989年7月），49。

仰中的聖地，森林中的聖木是山胞們信仰中的靈魂的
故鄉，因此當日本警察用刺刀和鞭子逼迫山胞入山砍
林的時候，山胞的心靈痛苦到了極點，他們在對神和
警察的雙重畏懼下成群地進入了森林。「檜木是我們
祖先之靈的所在，砍伐了這些聖木，神一定會發怒
的，聖木被砍倒了以後，誰來保護我們呢！砍伐聖木
是逼著我們虐殺自己的神，沒有聖木，也就沒有了霧
社的精神，剩下的還有什麼呢？」[16]

　　霧社的精神，就是當地原住民的宗教信仰，與大自然
的森林結下不可分割的關係，沒有森林就失去原住民生存的
「守護神」。森林也是原住民自治生活的保障，給予原住民
無盡的寶藏，取之不盡，用之不絕。也因為如此，原住民對
自然界敬畏如神一般，無論如何要盡感恩的心保護森林，保
護自然，對任何破壞自然、砍伐山林，或是剝削自然的行
徑，必然奮力抵抗。姑且不論此信仰的真諦何在，但從抗議
當中，原住民終於會「說出」生命所受到的委屈。曾幾何
時，原住民被不同的朝代相繼討伐與屠殺，土地大量地被掠
奪，人性上被扭曲，自治遭到箝制而失去了自由。如同吳濁
流所說的：「在穿龍頸（坡頂）一帶，常是土匪、強盜出沒
的地方，由於地界靠近原住民的地方，盜匪總是把罪行推在

---

16　參見王孝廉，〈關於霧社事件（上）〉，15。

原住民的身上，自己卻逃得無影無蹤。」[17] 如此種種社會上的懸案，尚能忍氣吞聲，然為「祖靈將被砍光」而被逼得「說出」話來，可見原住民在宗教上所受的迫害嚴重無比，這樣自治的內涵與精神，亦隨之弱化。

事實上，統治者不但要原住民成為「沉默」的人，甚至要抹黑原住民的歷史文化和宗教，在當今國民教科書本裡，哪有原住民的歷史文化？倒是扭曲原住民的人性、污穢原住民尊嚴之吳鳳神話故事，人們津津樂道談論它已將近一世紀之久。好不容易經由有良心的學者，以及覺醒的原住民親自拆毀「吳鳳的銅像」，才平反了一世紀來所受到的委屈。在霧社事件中，原住民反抗日帝的宗教性的同化，而一心一意追求宗教與自治的自由。為了反同化爭自由，在起義的事件中，被壓迫的原住民終於用「行動」說出話來了。

當原住民「說出」捍衛自己的宗教、歷史、自治；「講出」堅持自己的故事、文化；「訴說」維護自己生命的經驗與委屈時，就是原住民社會文化、人性尊嚴的轉捩點。如同在埃及受苦的希伯來民族，突破了「沉默」的禁忌，「講出」他們痛苦的故事，因而改變了他們的處境。正如摩西對法老王說：「容我的百姓去。」宋泉盛博士的故事神學具如此的洞察力，認為故事使得人的心靈可以與上帝和人類溝通，並建立彼此之間的親密關係。這樣由人民的故事所建立的「故事神學」，給予原住民的宗教正面的導向，並附有神

---

17　吳濁流，《亞細亞的孤兒》（台北：遠行出版社，1977年），2。

學的意義。

　　莫那魯道對日警「說出」抗議的訴求，不為統治者接受，這就說明了統治者不重視人民痛苦的吶喊，更不尊重原住民自治的權利。可見殖民帝國的權力沒有建立在人民的基礎上，而是建立在軍事優勢與政經的利益上。原住民宗教自由與自治權利的訴求既然得不到重視，最後以反抗來表達對國家宗教中心主義的抗議。對於武裝奮鬥，像霧社事件原住民的武力抵抗，在宗教界裡雖是個爭議的問題，但是面對破壞生命，以及不公義的世界裡，如果所有的管道用盡後統治者仍然擴張其毀滅性舉動時，普世教協（WCC）認為武裝奮鬥或非暴力（non violent）的抵抗是被容許的。[18] 原住民的霧社事件並不是排斥日帝的「神道教」，族人所要爭取的，乃是宗教的自由，以及彼此間的尊重。宗教、人權、自由的問題，不就是今日神學的主題嗎？

　　原住民在宗教上的反同化爭自由，在自治權利上的護衛，可謂發揮了最深層的宗教道德情操，因為在語言的抗議，以及武裝上的抗爭均遭嚇阻時，最後以自縊做為無聲的抗議。依據起義者死亡原因的調查：原住民與日軍交戰而死者有八十五人、飛機投下爆彈炸死與毒氣死亡者有一三七人、陸地砲彈打死者有三十四人、被斬首者八十七人、病死者四人、燒死者一人。但是在六四四死亡者中，自縊死亡卻

---

18　Frederick R. Wilson, *The San Antonio Report; Your Will be Done: Mission in Christ's Way* (Geneva: WCC), 40.

高達二九六人。自殺是一個痛苦的決定，也是尋求自我解脫的途徑。日帝以大砲、使用國際所禁用的化學毒氣，一舉殲滅原住民，但是原住民卻以集體自盡做了結，而將冤屈訴諸於宗教信仰的神祇。正如他們集體身亡前所唱的哀歌：「我必須走！祖先的英靈在等著我，打不勝的戰爭，像馬赫坡溪水奔流去不返！死去的弟兄，寂寞的靈魂在號哭，我必須走！祖先的英靈在等著我……」[19] 死前的哀歌流露出族人的宗教情操，寧死也不願降服在滿手血腥壓迫人權、凌辱神祇的日帝，反同化爭自由的志節至終不渝。這種原住民所追求的自由與平等，也正是神學所關心的主題。

　　無可否認的，原住民宗教也有缺點與極限。原住民的宗教被人類學學者定為屬於祖靈崇拜，祭祀已死去的祖先之靈，這部分需要原住民在地的觀點去討論，而非一成不變的接受他們的觀點，或奉為絕對至上的結論。況且，台灣原住民族沒有像漢人那樣祭拜已死去的祖先之靈。至於祖靈之上有沒有上帝的概念，顯然也是模糊不清，需要繼續研究。但是對於泰雅爾、太魯閣，包括起義的原住民，有關祖靈之上有上帝的概念，皆以U-tux或Ru-tux（大靈的上帝）來稱之，都是很有意思的，有待去深入研究。然而在多元化的神學下，我們不能否認她的特殊性，當今著名的神學家約翰・馬奎里（John Macquarrie）在做神學的反省時，認為非基督教的宗教

---

19　江炳成，《古往今來》（台北：幼獅文化事業公司，1984年11月三版），279。

也具有恩典與啓示的經驗。由此看來原住民的宗教在霧社事件所訴求的生命、人權、自由與平等，具有神學的價值，約翰・馬奎里的這句話，超越了猶太教中心主義的藩籬。因此，上帝在原住民的宗教裡，已經啓示了爭自由、平等、人權等有關上帝國的特性，耶穌基督不正是爲了這些被釘在十字架嗎？

　　總而言之，今天，當我們以在地的原住民觀點討論霧社事件時，宗教自由無異是當地原住民族對抗日帝的主因之一，此爲日帝瞭若指掌的事，也是擊垮原住民並侵占原住民地域與獨立自主的自治之最後一道堡壘。從上述的討論，我們知道原住民的傳統信仰，也就是我們所稱的一般宗教的信仰，並不是「宗教歸宗教，自治歸自治」，抑或「信仰歸信仰，生活歸生活」那樣的二分法。反而是原住民的宗教信仰，是原住民生活的中心、自治的基礎。所以，當日帝在台灣統治已經三十餘年了，而一直無法完全制服原住民時，最後就打原住民宗教的主意，用盡各種的手段毀滅原住民的宗教信仰。因爲他們知道，一旦原住民的宗教信仰遭到破壞了，原住民的生命價值觀、維繫部落政治體系的自治，亦將隨之滅亡。由此可見，原住民的宗教自由，是原住民族自治的基礎。

捌

# 司馬庫斯櫸木事件
# 對原住民族生存的反思

　　司馬庫斯（Smangus）「櫸木事件」引發該部落人群起憤怒，於2007年5月31日赴行政院門前抗議當局的霸道，將其三名青年人因撿路邊枯倒木搬回部落而判刑，陷該部落千百年的傳統生活於不義。他們清楚的知道，如果今日不起來衝撞國家的機器，明天就是部落的「黃昏日」，這樣被稱為「上帝部落的司馬庫斯」，將永遠消失在沉寂的山林之中。所以，他們為部落永續發展的怒吼，身為原住民的每一個人，是感同身受的；他們為原住民族未來的生存所做的掙扎與奮鬥，我們不但聲援到底，也願意與之共生共存。在他們激情過後，也欣然看到大家也為之熱烈的討論、反省。

　　但是，從未見到漢人統治的政權，引以全面化的反省原住民族的政策，只聽聞當權者會將「櫸木事件」大事化小、小事化無的冷處理方式。這種治標的做法，不但無助於原住民族的生存，而且也在無形中弱化台灣原住民族的抗爭意識，這是原住民族最不樂於見到的結果。今天，很高興拜讀瓦但（羅恩加）的〈我要的是什麼？是制度還是自治，是自主性還是主權？──以司馬庫斯的櫸木事件為例〉的

文章。[1] 該篇觸摸到司馬庫斯部落人衝撞國家機器的心靈深處，也為了守護台灣原住民族生存方式發出其肺腑之言，而引發筆者對「櫸木事件」做如下幾個層面的反省與討論。

## 你站在哪一方？

在5月31日北上的抗議裡，我們看到司馬庫斯老幼婦孺的部落人，非常堅決的站在泰雅爾人自古到今就地取材的生活方式，是族人代代相傳的謀生智慧，也是原始民族的生存之道，不但應該被尊重，而且「櫸木事件」也當無罪才對。所以，他們的立場，他們的抗爭很清楚而不用被置疑的。筆者也看到不少的原住民族青年不分族群，以及漢人朋友到場聲援，他們都站在司馬庫斯部落人這一方紛紛遠道而來，他們聲援的用心，也是不容懷疑的。[2] 既然司馬庫斯全部部落人和聲援者的立場，是一致的站在司馬庫斯部落人這一方，就不用討論這一個「你站在哪一方」之議題了，不是嗎？

事實上，事情不是那麼的簡單化。因為，這個主題，攸關原住民族是否能夠要回部落主權的權利，也關係到原住民

---

1　瓦但（羅恩加），泰雅爾人，畢業於中原大學宗教研究所碩士班，目前就讀國立政治大學民族學系研究所博士班。

2　那個時候玉山神學院布興院長動員三位行政會主管、四十三位學生；台灣神學院鄭仰恩、曾宗盛教授、十餘位學生；竹聖的拔尚老師；八名東華大學的原住民學生；台灣基督長老教會教社委員會、原宣委員會動員各中區會派員北上聲援，以及在北部就學的一些原住民學生主動的參與。

族部落自治的落實。畢竟，為什麼司馬庫斯部落會發生所謂的「櫸木事件」？又為什麼瓦但以〈我要的是什麼？是制度還是自治，是自主性還是主權？──以司馬庫斯的櫸木事件為例〉為題，強烈的呼籲「還我部落應該有的主權與權利」呢？換句話說，原住民之所以有如此的遭遇，在於統治者從來就不站在台灣原住民的立場，來制定原住民族的政策，也不考慮原住民族主觀意願的需求，讓原住民族回歸自主性部落自治的權利，而一味的站在統治者的權利，制定變相的原住民「漢化政策」，同化台灣原住民族。特別是在國民政府期間所制定的原住民政策，不就是過去原住民族的政治與知識菁英共同制定的嗎？

　　固然是統治者危害原住民族至深，但最可怕的是原住民族自己的政客，自顧自己官運通達，出賣了原住民族自主性部落自治的權利，以及那些所謂的原住民族的知識份子，為了自己的鐵飯碗與升遷，無不結合原住民族的政客，不但制定了上述所謂變相的原住民「漢化政策」，而且還替黨國的原住民政策宣傳政令，打壓原住民族的部落意識。這個根本的問題，在於當黨意與原住民族部落意識嚴重的衝突之際，原住民族的政客與知識份子的立場，是站在哪一方？這個問題，在台灣邁向民主化政治氛圍的過程裡，愈來愈明朗化。就是那些原住民族的政客與知識份子的立場，是站在黨國統治的一方，無所不用其極地削弱原住民族的部落意識，來制定原住民族的政策，並利用國家公園、水利局、森林法、山地保留地、觀光、山地資源開發、農委會、水庫建設、國防

用地等等各種法令的名目，予取予求的剝削台灣原住民族行之千百年的部落自治權利。

　平心而論，為了利益站錯邊的原住民，不但害了自己和子孫，也害了全國原住民族部落的主權與權利，這種原住民族歷史的罪人，雖然可以原諒但不能忘記的。司馬庫斯的「櫸木事件」，只是原住民族部落主權與國家機器衝突的冰山一角而已，況且原住民族各種祭儀活動的需求，必須狩獵，而被抓的事件，也不斷的重演，這是誰造成的？所以，真正原住民族的政治人物和知識份子，是永遠站在原住民族部落自主性的自治權利這一方，努力討回部落應該有的主權與權利。這不就是瓦但所說的：「我要的只是還我部落應該有的主權與權利，我們泰雅爾人自千古到今日，應該施行的部落主權與權利，卻因為國家機器的運作而遭傷害。」所以，出自原住民的政治人和知識人，他們當然可以自由加入他們所喜歡的政黨，但是不要做黨或國家機器的「牆頭草」。因為，一旦黨意與原住民族的主權與權利相衝突時，就應該忠實於原住民族，或是說，當他的政黨違背原住民族部落的主權時，他可以拿出原住民族的骨氣，唾棄其所屬的政黨，而去加入尊重原住民族的另外一個政黨。當原住民族的政治人和知識人，具有這樣忠於原住民族時，他不但是名符其實的原住民族政治人和知識人，而且也將會助長原住民族尋求部落主權與權利的落實，日後更會減少類似司馬庫斯「櫸木事件」的歷史重演。

# 司馬庫斯人訴求的根本問題是什麼？

　　在司馬庫斯人以部落團結意識力挺三位青年人，堅持部落法（gaga na qalanq）是無罪論的，而北上抗議後，「櫸木事件」的議題被熱烈討論。然而，任何的討論，不能失焦於事件的主題。換句話說，司馬庫斯人北上抗爭，到底他們訴求的根本問題是什麼？當天該部落的頭目I-cih如此說明他們訴求的根本問題：

　　　　今天我們司馬庫斯人，來到這裡抗議，主要是我們已經受不了林務局長期迫害我們司馬庫斯部落的完整與主權。從我們的祖先到現在，我們在這裡生活了好幾百年，以靠山林維生，任何的需求均以就地取材的方式使用。這樣的生活經驗，使我們知道如何尊重山林生息體系（gaga qqyanux na hlahuy），如同我們尊重泰雅爾人的倫理生活（gaga tayal）一樣。所以，山林就像我們自己的親兄弟姊妹一般，我們不會濫砍山林，因為單單枯倒木就用不完了，而使我們對大自然存著感恩的心。這種美好的關係，沒想到在短短的六十年的林務局予取予求的壯大下，不但有計畫性的砍伐值錢的山林，也用「送法究辦」恐嚇欲阻擾他們濫砍山林的部落人。我們部落人只有撿起枯倒木，就送法嚴判，這不就是在判刑我們部落的傳統生活有罪嗎？很清楚

的，這樣的結果，就是在毀滅我們部落生存的權利，
豈不知，沒有部落的自主權利，我們泰雅爾人就這樣
將毀於一旦。我深深的體會到，司馬庫斯部落，是所
有泰雅爾部落的最後一道牆，也是泰雅爾族gaga的最
後一道防線，我們倒了，部落自主性的權利也就毀
了，這樣泰雅爾族也就完蛋了。所以，我們誓死要跟
林務局的公權力抗爭到底，直到還我部落的清白與權
利為止，不然我們絕不罷休的。[3]

　　當天聽了I-cih頭目這一番話後，我心中深受感動而不自
禁的掉下淚水，久久不能自已。感動的是，在這個時代，竟
然還有那樣的部落智慧人，把泰雅爾人的部落傳統知識、與
山林親屬高尚的關係，以及部落自主性權利的「三層親密關
係」，用自己的母語滔滔不絕的述說出來。我可以說，我上
了一科在現代科目裡從來沒有上過的課，部落耆老的智慧不
輸於學院派的大學教授。不自禁掉下淚水的是，我終於還能
看到泰雅爾人部落的勇士們，能為自己部落的主權、山林的
永續發展，以及族群生存的權利，挑戰那個被原住民族稱為
惡霸的林務局與地方法院的公權力。他們的勇氣，不輸給我

---

3　I-cih頭目也是Smangus長老教會現任的長老。當天還有其他的部落
　　人，包括被判刑的三位青年人的現身說法，若能夠一一的翻譯，或是
　　將當天即時的口譯，都寫出來的話，必定是一個部落自主性的權利、
　　傳統智慧與國家機器的衝突，以及台灣生態最有價值的一個活教材，
　　期待有人做這方面的貢獻。

們這些在過去數十年來的社會運動者。我相信，只要他們繼續堅持下去，不但會號召更多具有原住民族意識者的響應，有一天，他們也會看到部落自治權利的實現。這樣在地的觀點，從瓦但的文章裡流露出在地部落人的立場，是「一個強烈的感觸即被威脅感特別的凝重」，正如他說：

> 理解整個事件的來龍去脈之後，個人有一個強烈的感觸即被威脅感特別的凝重。事實上我開始害怕與質疑這樣的問題，像我家還是用燒柴煮洗澡水的老舊方式，萬一哪天在馬路邊撿枯倒木做為柴火，當下讓林務局的人抓到，我會被抓嗎？可能會但也可能不會。或許當下抓我的林務局人員會同情我家因為還是用燒柴方式煮熱水澡的關係放我一馬也說不定。不過，我也非常確定可以證明我自己部落的主權與自主性也已經交由國家來管理，我竟然成為部落的過客或遊客，非主人也。從部落被納編為國家的一部分時，也切斷了部落該有的主權與自主性。因此，當我是遊客，撿了以為是垃圾的枯倒木回家雕刻後，被主人看到當然要被抓囉，要罰錢，要被關起來！話說回來，「櫸木事件」不正是這樣的翻版嗎？[4]

　　無論是I-cih頭目所說的話，還是瓦但的感觸，他們都知

---

4　瓦但（羅恩加）是在地部落的泰雅爾族人，並參見註1。

道,他們訴求的真正根本問題,在於部落自主性的權利,是誰在決定的?是林務局嗎?是法院嗎?是政黨嗎?是國家嗎?傳統部落經驗告訴他們:「什麼都不是!」只有部落人才有完全的決定權,因為誰在部落生活,誰就有權利決定他的生活方式。誰擁有部落的決定權,誰就是部落的主人;反過來說,誰沒有部落的決定權,誰就是部落的客旅。這就是「櫸木事件」根本的問題呀!有一些人認為那是司馬庫斯部落人與國家機器公權力赤裸裸的權力之爭,這樣的看法,有混淆視聽之嫌,對當事人是很不公平的。因為,事實上是國家公權力的機器,搶奪了司馬庫斯部落人應該有的主權與權利,是林務局與地方法院在無形中,侵占了司馬庫斯部落人傳統的生活權利,這個事實是不容被扭曲的。

## 「櫸木事件」的深層意義

當我們在討論「櫸木事件」時,除了要知道部落的主權與權利之決定,是該事件的根本問題外,亦當討論它對該部落乃至於整個台灣原住民族的部落發展,到底有什麼樣的深層意義。因為往往事件的意義,都是存在的價值。就這個存在的意義而言,部落主權的決定權,關係到做為台灣原住民族身分的尊嚴,即是部落的主權,讓部落人成為原住民的身分。換言之,守護部落的主權,即在維護原住民族的身分,而這個身分既非任何政黨所給的,亦非國家所賜予的,而是天生我之,天賦我族也。這樣的身分,乃從自有泰雅爾的先

人以來到現在所代代相傳的結果。所以只要是擁有泰雅爾人的意識者，就義不容辭的延續這個族群生命的命脈，絕不樂見此命脈從此就斷根，而做了泰雅爾人歷史的罪人。此即「櫸木事件」的深層意義，它對泰雅爾人是多麼的重要。

　　司馬庫斯「櫸木事件」所突顯的重要意義，是司馬庫斯部落人，堅持要以傳統泰雅爾人的身分與生活方式，繼續生存下去，將泰雅爾人的生命永續發展。問題就在這裡，當部落自主性的生活方式，以及做為泰雅爾人的生命之身分，碰到了危機而無法延續時，任何民族的生命都會揭竿起義來捍衛自己的生命尊嚴。就是因為「櫸木事件」，把司馬庫斯部落人逼到死牆，他們反撲的力量展現在後續的抗爭中。1930年的霧社事件，不正是為了德哥塔雅部落人的生命尊嚴與他們部族的永續發展而戰的嗎？事實上，許多原住民族部落之戰或衝突，都是因為這些的緣故而產生的。這就是人類生命的尊嚴，也是維護人權的普遍價值。就世界人權而言，司馬庫斯人的「櫸木事件」，就是在維護部落人權的價值，任何國家的公權力，都不能侵犯他們那樣的「天賦人權」。

　　很清楚的，司馬庫斯這種部落人權的價值觀，不是從教科書裡被教導而來的，乃是從部落人與自然相契合下，在千百年裡經年累月所涵養出來的人權思維，也是原住民族部落生活的智慧結晶。說到這裡，或許有人會說，這是太美化司馬庫斯這種部落的正當性，也在合理化司馬庫斯人所發動的「櫸木事件」了吧！會有這樣想法的人，我們覺得一點也不奇怪，因為他們不知道原住民族部落真正的意義在哪裡？

也沒有真正的去感受部落人與自然界那種和諧共生的親密關係，才會有這樣的反應。但是，做為原住民的部落人，已經覺悟到維護部落人權的完整性，是不能活在他人歧視的光譜之中，也不能停留在他人偏見的挾制裡，而迷失了自己。更重要的，活出原住民的尊嚴來，才是台灣原住民族的無價之寶。然而，司馬庫斯這種部落人權的價值觀，何時受到當局者的尊重呢？說尊重是太客氣了，應該說當局者蓄意破壞原住民族部落應有的人權才對。這不正是瓦但所比方的：「感覺如同在自家吃晚飯還得通知警察一般」那樣的沒有人權、沒有尊嚴嗎？如他所說的：

> 在部落主與客之間該如何分辨與明朗化。比如，在部落所屬的地區範圍內取得枯倒木做為部落公共事業及營造部落的材料時，如果還需大費周章的通報國家單位，那不是很好笑嗎？感覺如同在自家吃晚飯還得通知警察一般。從部落概念的基礎而論，司馬庫斯所爭論的不就是宣示部落自主權與權利義務嗎？所觸及的議題與事件不就是在自家吃晚飯還得通知警察的情形嗎？

瓦但雖然沒有說出部落人權的價值觀，但是在他的這些比方裡，不但說出了部落基本生活的具體人權，而且也善用了原住民比喻式的智慧，控訴了國家機器的公權力，如何的詆毀原住民族的部落權。具體地說，瓦但把司馬庫斯三位青

年人因為撿枯倒櫸木而被判刑的事件，看成是當局者踐踏原住民族人權的一個活生生的事件。由此可見，司馬庫斯部落的「櫸木事件」，深具人權的意義，國人必須以這個層級予以正視，才會領悟其深層的意義。

## 部落自治的機制

「頭腦簡單，四肢發達」，是一般人對台灣原住民族刻板的印象，所以在任何的場所，只要是唱歌跳舞、體育、士官長與自願兵、老師、公務員、員警、巡山員、開拖車、板模等等的體力、粗工基層的職業，都青睞於原住民族。當然，這些對原住民族在台灣急速變遷的生活與子女教育的穩定，是有一定的幫助。所以，原住民族在一、二十年前威權的統治下，都被成功的教化為「沒有國，哪裡會有家」之黨國至上的忠誠國民，對黨國無不歌功頌德，對原住民則自命樣樣不如人，處處需要統治者的德政才能生存。

可是，這種黨國至上的原住民政策，背後的操弄者之居心叵測，無知的原住民卻步步的走上全面性的「漢化政策」，即是所謂的「山地平地化」為目標。[5] 雖然美其名是要「促進山地行政建設計劃大綱」的政策。但是，在執行「山地平地化」為目標時，台灣原住民經驗到這個政策終極

---

5　這種「漢化政策」，是由當時執掌「山地行政」的台灣省政府在1953年12月14日所頒布的「促進山地行政建設計劃大綱」中，所特別提出「山地平地化」的目標。

的目標，為要「漢化」原住民族的部落，同化原住民族的生命文化。也就是說，否認原住民族一切的價值觀，而強迫注入「中國化」與「漢化」的價值觀。原住民當然知道這樣的結果，不僅會帶來台灣原住民族群生存上的危機，甚至於將會導致原住民族的滅亡的地步。所以，原住民族的社會菁英二十年來的社會運動，就是對抗這些危害原住民族極深的「山地平地化」之「漢化政策」。前些日子的「櫸木事件」，是部落人的自治法與「漢化政策」之法律的對立，也是部落人宣示部落人要自主式的自治，才能讓原住民族有美好的明天。

易言之，當台灣原住民族經歷了被統治的煎熬維谷，而感受到民族生存已經到了不得不做重要決定的時刻，原住民族自發性的覺醒起來了，而堅信只有徹底回歸祖先部落自治的原住民族政策，才是台灣原住民族的一條活路，也是今日原住民族生存所找到的一個夢想。或許有人會認為，原住民自治是會讓原住民族陷入原始民族那種野蠻、粗糙而恐怖的部落法，因此原住民族的自治根本不可能會有結果的，甚至認為在台灣是不可行的政策。會有這樣想法的人，還是不了解原住民自治對原住民族生存上的永續發展，有多大的影響。不說這方面正面性的意義，單單就現行原住民族的政策來說，如果不實行原住民族自治的機制，即使是政府用更大的資源投入原住民族的教育、工作、參政權，以及各方面的生活改善，也是毫無助益的。因為統治者越多的資源，越會加速漢化原住民族，想想看其結果，豈不是在加速讓原住民

族導向亡族之途嗎？所以，自治對原住民族來說，雖然不是最好的政策，但是除了自治以外，已經找不到最好又適合原住民族生存的政策了。

我們知道，原住民族要實施民族的自治，是一件非常困難的事。但是，要「重生自治的夢想」，不無可能呀！因為原住民族自治，過去在原住民社運菁英與政治人物的疾首吶喊，以及新政府的加持下，前行政院長游錫堃於2003年6月3日的行政院會中宣布積極推動「原住民族自治區法」。他說：

> 在我國民主化的過程中，除了要調和省籍問題，以及客家和福佬間的族群齟齬外，更要面對如何與原住民族進行歷史和解的課題，也就是陳水扁總統向原住民族所承諾的「新夥伴關係」。具體而言，就是以平等的方式來協商彼此的定位，以求排脫四百年來的內部殖民狀態，並能讓原住民族以自己決定的民族方式來治理自己，這就是民族自治的基本理念。[6]

對於這種「原住民族自治區法」草案提示文，我們肯定行政院長認識到原住民族的自治，政府必須「要面對如何與原住民族進行歷史和解的課題」，也就是以原住民族歷史為

---

6　參見前行政院長游錫堃於2003年6月3日行政會中「原住民族自治區法」草案提示文。

基礎來建構原住民族的自治，並且「以平等的方式來協商彼此的定位」。為此，爭議多時，而且幾乎不可能行之台灣的「原住民族自治區法案」，在行政院會中，終於拍板定案，行政院長游錫堃正式宣布，原住民自治區法是尊重台灣原住民族的主體性，以及承認他們是台灣原來主人的一項法案。該法案明定原住民各族可以依法成立自治區，實施民族自治，原住民自治的時代與永續發展將來臨。另外，立法院在2005年1月21日終於三讀通過了「原住民族基本法」，共計三十五條。這個法條係原住民族群二十多年來所爭取的原住民族基本權利，以及民族權利之保障的重要的基本法，也是未來催生台灣原住民族自治的基礎。

　　要達成原住民族自治的夢想，需要兩方面的努力：一方面是上述所說的執政者和漢系民族掌控的國會，當拿出對台灣原住民族的贖罪之心與誠意，儘速協助原住民族自治；另一方面，原住民族本身要提出部落自治的機制。前者，上面已經談過了，後者恰如瓦但所謂的部落自治如下：

　　　　每一個qalang所包括的範圍可能涵蓋現在的官方行政體系下的鄰或街，或許是由二、三個鄰所組成的qalang，亦可能是一個村里所組成的，而且其中的重點是──每個qalang皆有自己的gaga（規範/禁忌）以及地域範圍（傳統領域），來形成了一個小自治區，所以一切生活的規範（律法）皆由自己的qalang來執行。換句話說，司馬庫斯在傳統時代擁有自己的gaga

來運作與執行，形成現代我們所謂的自治區小國家。

　　簡單的說，原住民族所要的自治，是部落擁有的主權與自主權的機制，即由部落的自治到民族的自治，也就是說部落的自治，是民族自治的基礎，而民族自治，是台灣原住民族自治的基礎。這樣的自治機制，係由下而上而非由上而下的民主制度，可見原住民的部落自治，符合了民主國家那種以人民為主體的政治實體，也具體的呈現原住民族的傳統智慧，不亞於先進國家民主政體的機制。

## 德不孤，必有鄰

　　司馬庫斯「櫸木事件」關於原住民族生存的問題，不只是部落的主權與自主權而已，事實上，它也是關乎到台灣原住民族基本的人權、生存權、自治權、土地權、歷史文化權、教育權、傳統智慧財產權、傳統領域權的保障。因為原住民族深深的知道，固守這些權利，原住民族的生存，也就得以永續發展。當台灣原住民族自發性的為了這些，爭取自己權利的過程中，或許是很孤單又很無助，甚至擔憂原住民族的未來時，做為台灣原住民當知道「德不孤，必有鄰」箇中的道理。因為原住民族在台灣所爭取的各項權利，也正是普世人權、自由、公義、和平、造物完整（生態環境、自然界）所共同追求的基本權利。所以，台灣原住民族生存權、人權、自治權、傳統智慧財產權的等等問題，不單單是台灣

原住民族的問題，也是全球原住民族的問題，更是世界人權、民族平等的問題。所以台灣原住民族的真正自治與人權的保障，儼然是台灣人權的試金石。

台灣原住民族自治的議題，是台灣原住民族二、三十年來社會運動訴求的主軸，特別在1993年的世界人權日中，原住民走上街頭，高喊「我們要自治，不要同化」、「我們是台灣這塊土地的主人」、「還我土地，爭取自治」等等自力救濟的街頭運動。之後，原住民的菁英將自治的需求，轉向參與聯合國人權委員會屬下「原住民人口小組」（Working Group on Indigenous Populations）每年一次的會議。因為該工作小組，經過十年的研究報告，發現世界各地原住民的人權狀況極為嚴重，因而促使聯合國在1993年定為「世界原住民人權年」，並且在聯合國人權委員會底下設置防止歧視及保護弱勢者次委員會，由世界各國原住民族代表所組成的原住民工作小組，針對他們族群的現況及問題提出報告，經由聯合國的管道，建議各國政府重視並制定原住民人權相關之法律政策，以保障原住民人權。

如果說，從聯合國人權委員會的角度看行政院所通過的「原住民自治區法」時，雖然在層級上係屬公法，和協會、基金會相等，與原住民完全自治的需求落差太大，但在未來原住民族自治方向上，終於有了母法的依據。與其說行政院版的「原住民自治區法」，遠遠不及原住民族的主觀意願，倒不如說該法案極具原住民是台灣原來的主人的宣示，以承認原住民是台灣的原住民族。因此，「原住民自治區法」

不僅僅兼顧了原住民族的人權，以及尊重做為台灣原住民族的尊嚴，而且也呼應了聯合國推動世界原住民主觀意願的自治，與保障原住民人權的普世價值，為台灣原住民族的政策開創了新的紀元。在這方面，需要行政院原住民族事務委員會全力以赴的去推動與落實，而原住民族的各部落人也要相對的成為原住民公部門和政府的壓力團體，讓原住民族主權與自主權的自治時代早日臨到，以造福台灣原住民族。

最後，我要引用鄒族Pasuya（高正盛）成功的夢想所講的話，來做本文的結語。他說：

一九八七年，當山美村年輕人說我們鄒族的未來在哪裡的時候，我提出一個計劃，要打造鯝魚的故鄉，營造山美整體發展的基礎，作生態環保，結合鄒族的文化，發展觀光產業永續發展業。

一個天方夜譚的夢，被認為神經病的夢，不可能的事情，為了山美，為了鄒族，為了原住民，我毅然推動這計劃，突破重重的困難：從一個人的努力，教會的協助，到全村人參與，政府及社團的協助，完成了山美達娜伊谷的傳奇。

從一條溪開始，到社區總體營造，結合觀光發展，達娜伊谷復活了，山美重生了；從一個沒有發展力的困境，開始到國家級的社區，甚至可能是世界級的社區。

經過新聞媒體的報導，把達娜伊谷及山美社區的名聲

　　打得更響亮,使全國各地都有很多人想來看看,究竟
是什麼力量讓達娜伊谷復活,讓山美重生。[7]

　　台灣原住民族自治的夢想,雖然與事實有落差,也在
現階段的原住民族政策,有其窒礙難行的因素。但是,原住
民族要學像司馬庫斯部落人那樣的堅持部落主權與自主權,
也要效法鄒族的Pasuya推動阿里山達娜伊谷成功的精神,讓
達娜伊谷復活,讓山美重生。換句話說,無論是司馬庫斯部
落人的「櫸木事件」,還是Pasuya要把達娜伊谷打造成「鯝
魚的故鄉」之夢想成真的案例,都是要把部落的生機起死回
生,拾回原住民族自主權的自治,活出上帝創造台灣原住民
族充滿自信與韌性的生命力,也是台灣原住民族到如今,所
找到的原住民族永續發展中唯一的活路。

---

7　Pasuya Yadawuyungana(高正勝),《走過幽暗蔭谷》(台北:永
　　望,2005),見於自序中。

玖

# 原住民族自治與台灣政府的新夥伴關係

論及「原住民族自治與台灣政府的新夥伴關係」之議題時，筆者先申明我的立場，我既非時下府方的身分向原住民族進行什麼「原住民族自治」的說帖，[1] 亦非政治人物那樣背後有政黨競爭的利益與目的考量，將「新夥伴關係」的訴求淪為只是為了選舉所開的支票。這兩者無疑是站在台灣政府的立場，對台灣原住民族的一項政治承諾，什麼時候能讓台灣原住民族擁有實質上自我當家做主而完全的自治，還是自治對原住民來說是遙不可期的遠景，真是讓原住民不知所措，再說總統的選舉支票，或是政府的政治承諾未必都當實踐，已是司空見慣的事了。所以，今天當我們在談原住民族與台灣政府「新夥伴關係」時，我們不能失去原住民族應有的立場，也不能喪失對原住民的忠誠度，因為這兩者是攸關

---

1 2000年政黨輪替後，行政院原住民族事務委員會至今已換了四名的主委，分別是尤哈尼、陳建年、瓦歷斯·貝林、夷將·拔路。他們都主張原住民族要自治，但如今自治的落實仍然還在向原住民說帖，或是停留在知識份子、政治人物之意願的階段，況且大多數的原住民同胞對自治存有很大的質疑。

原住民擁有其未來的守護者，原住民族一旦失去了這些，就喪失了他們的未來。試想看看！一個沒有未來的民族，是什麼狀況？豈不是淪為頹廢將亡的民族嗎？

今天我們在這裡討論原住民的自治，其實是在集思廣益以尋找適切於原住民族未來的生存方式，裨益於其永續的發展。為什麼要說原住民族自治呢？這意謂著台灣原住民族已經被漢系民族設計的政權所掌控，原住民族必須遵循漢族的政治體系的遊戲規則，才能謀求生存。這樣一來，原住民族生命文化的特性，只有被漢化一途，其結果是同化、滅族在等候著原住民族。台灣原住民族要有美好的未來，只有自己去決定自己的未來，自己尋找自我生存的方式，族群的生命才能夠永續發展。事實上，台灣原住民族群已經找到自我生存之道，即是自治是原住民族唯一的活路，所以原住民族自治要與台灣政府建立一個新的夥伴關係。

## 「夥伴關係」的緣由

一談到「原住民族自治與台灣政府的新夥伴關係」，或許有人會認為那是陳水扁總統安撫原住民族社會菁英的政治動作而已，對原住民族政治的改進一點作用都沒有。也或許有人會以為那是原住民族社會運動菁英，為了取悅總統以求得「摸摸頭」之機會所做的政治戲碼。其實，原住民族與政府「新夥伴關係」的議題，既非源自阿扁總統為台灣原住民族政策的想法，亦非原住民族社會運動菁英所創造的政治用

語。那麼，到底「夥伴關係」的緣由何在？它又怎麼能浮現在原住民族與台灣政府之間政策對話的檯面上呢？

　　事實上，「夥伴關係」是由聯合國環境與發展會議於1992年6月3日至14日假巴西里約熱內盧所召開的「地球高峰會」，大會通過了建立一種新而平等的全球夥伴關係之目標的「里約宣言」：

> 懷著在各國、在社會各關鍵部門和在人民之間創新的合作水平，從而建立一種新的、公平的全球夥伴關係的目標，致力達成既尊重所有各方的利益又能保護全球環境與發展體系的完整性的國際協定，認識到我們的家地球的整體相互依存性質。[2]

　　這裡提到人類存在的主要觀點，雖然不太明顯，但從其它的資料可做補充。即是人類是：「關係的存在者」。有關這方面論述，在「地球高峰會」前數十年裡，在西方神學界的思潮裡深受該國原住民族與土地、自然結為「親屬」、「土地是我的母親」之親密關係的影響而盛行。其中道格拉斯（Douglas John Hall）對人類的存在，他認為必須發展出一套「關係人類學」（relational anthropology）的觀念，以強調人基本上是自然界的一部分，並不是間接的成為自然界的一部分。所以，人與自然相處的關係，就是要承認人內部的自然

---

2　巴燕・達魯前立法委員國會辦公室提供。

擁有產生「關係的潛力」（a capacity for relatedness）。[3] 人類是「關係的存在者」，指明人類必須依賴土地、自然、人群才能生存，沒有這些讓人依賴過活，人類是無法生存的。因此，人與這些關係，不能以宰制、統轄的心態對待，而是要以相互依存「夥伴關係」的態度與之「共生共存」，才是人類多元發展必走的一條活路。

全球的原住民因為有了這種與自然「夥伴關係」方面的生存經驗，在巴西里約熱內盧的高峰會中，與會者無不肯定原住民族對自然土地相互依存的智慧，各國政府當向原住民學習如何建立與土地自然休戚與共，尊重並全力保障原住民族的生存權及其發展權。為此，會中決議原住民族的社群列為關鍵部門的合作對象。所以，聯合國將1993年訂為「世界原住民年」。是年，聯合國召開世界原住民會議，並且以「原住民：一個新的夥伴關係」（Indigenous People: A New Partnership）為題，台灣原住民族的社會菁英也派代表參加。這個會議與主題，讓台灣原住民族社會運動者如虎添翼地助長了社會運動的層級，即由原住民漁民的權益、反亞泥、反國家公園、反核能廢料場、正名運動、還我土地等等，提升到原住民族的自決、自治、國會議員民族代表制、設置專屬原住民的中央部會，乃至於今日所談的「原住民族自治與台灣政府的新夥伴關係」為主軸層級的社會運動。

---

3　Douglas John Hall, *Imaging God: Dominion as Stewardship* (Grand Rapids, Mich: Wm. B. Eerdmans, 1986), 201-202.

　　原住民族在台灣推動「夥伴關係」的時機上，也充分地展現了原住民族的政治智慧和判斷力，即在2000年總統大選前，分別要求民、國、親總統候選人簽署一份「原住民族與台灣政府的新夥伴關係」協定文，當時只有民進黨總統候選人陳水扁先生支持，並於1999年9月10日假達悟族居住的蘭嶼島簽名推動。隨後，原、漢「夥伴關係」的議題，漸漸的出現在傳播媒體上，也因為陳水扁當選了總統，「夥伴關係」的討論、研究，亦隨之高漲。然而，新政府在推動上，「只聞樓梯響，不見人影出」的停頓下，讓原住民族社會運動菁英非常的著急，甚至有人認為原住民族只是漢人選舉籌碼下的支票而已。所以，有必要提醒陳總統對原住民族的政治承諾，因而於2002年10月19日假台北中油大樓國光會議廳擴大舉行「原住民族與台灣政府的新夥伴關係」再肯認儀式，[4] 以表達原住民族對「新夥伴關係」的執著與決心。特別是該年，在南非約翰尼斯堡所舉行的聯合國永續發展高峰會議，又決議重申原住民族在永續發展上不可或缺的角色，

---

4　這個再肯認儀式，由泰雅爾族民族議會、鄒族民族議會籌備會、阿美族議會籌備會、台灣原住民族部落永續發展協會、泰雅爾族部落永續發展協會、台灣原住民族部落工作站永續發展協會、台灣原住民族政策協會、台灣原住民族勞工聯盟、台灣原住民族自治聯盟、卡地布文化發展協會、台灣原住民族婦女聯盟籌備會、新竹縣大霸婦女聯盟、高雄縣婦女成長協會、台灣原住民族語言文化教育協會、松年大學原住民分校、玉山神學院牧羊會、台灣神學院杵臼社、原住民社區發展中心等所組成的結盟團體主辦，以及有十八個聲援團體。之後，這些結盟團體，成立了台灣原住民族主體聯盟，以推動與台灣政府新的夥伴關係。

而通過相關與原住民族夥伴關係的落實方案。

由上述「原住民族自治與台灣政府的新夥伴關係」的來龍去脈可知，它絕非新政府由上而下的政策，也不是陳水扁總統對台灣原住民族政策提升的高見，而是世界原住民族與自然土地夥伴關係的智慧結晶，被聯合國永續發展高峰會所認可的普世價值。雖然，「夥伴關係」不是從台灣原住民族而來的專有名詞，可是當台灣原住民族參加1993年在瑞士由聯合國所舉辦的世界原住民族會議時，夥伴關係實質上的內容，不但是世界原住民族生存之道共同的經驗，也是台灣原住民族對自然土地倫理的知識，以及千百來原住民在台灣固有的傳統文化與生存所累積而成的智慧。

所以，原住民族的社會菁英，與先進國家的原住民族同步分享這種智慧的生存之道，甚至也義不容辭的向漢人的台灣政府，以這種夥伴的關係來建立原、漢之間人權政治的公平正義，進而轉化成對台灣土地、自然、生態的夥伴關係，使國人對台灣有愛、對土地有情、對自然有恩、對生態有義、對人有良善又合宜關係的人倫社會，唯有如此，我們才能永續經營大台灣，這也是台灣原住民唯一活路，對台灣的未來，所提供的活路。

## 以「自治是原住民族唯一的活路」做為「夥伴關係」的主軸

原住民族社運推動夥伴關係的政策，並非光說不練、

辦活動以青睞媒體的報導而已，他們是非常的認眞又很用心
的。他們不但端出原住民政策的「湯」來，也端出具有自己
主觀意願的「牛肉」來，即是：「自治是原住民族唯一的活
路」，並且要以此做爲台灣政府建立「夥伴關係」的主軸。
儘管陳總統所主導的台灣政府，對「夥伴關係」、或是他所
說的「準國與國關係」的推動，被學者質疑爲：

> 總統對原住民「準國與國關係」的承諾，難道只是為
> 了選舉而開的支票？選前陳總統與原住民簽的一些協
> 定，好像要給原住民魚翅、鮑魚吃，如今不僅不給，
> 連碗筷都要拿走。政府一直表示對原住民有虧欠，但
> 裁併原民會就是補償虧欠嗎？[5]

　　但是，原住民族社運團體，依然鍥而不捨地藉著支持
原住民的學者專家、政治人物、原住民的國會議員、行政
院原民會、原住民教會與民間團體等，推動夥伴關係中原住
民族自治的主題。換句話說，原住民族社運團體充分的善用
近六十年來台灣第一次的政黨輪替體制內、體制外的機會，
以及國際社會對原住民族基本的人權、自決權、自治權之
保障的良機，端出了（一）承認台灣原住民族之自然主權，
（二）推動原住民族自治，（三）與台灣原住民族締結土地

---

5　施正鋒，《台灣原住民族政治與政策》（台中：新新台灣文化教育基
　　金會，2005），284。

條約，（四）恢復原住民族部落及山川傳統名稱，（五）恢復部落及民族傳統領域土地，（六）恢復自然資源之使用、促進民族自主發展，（七）原住民族國會議員回歸民族代表等夥伴關係的七大主題。

陳總統於1999年9月10日在蘭嶼島與原住民族社運團體協定夥伴關係七大主題，最重要的一個主題，即是原住民族自治。正如協定文將自主性的自治，認定是建立新的夥伴關係的先決條件：「建立原住民族與國家新的夥伴關係，先決條件爲尊重原住民族的自主、自治地位。」由此可見，推動原住民族的自治，抑或「自治是原住民族唯一的活路」的主張，不是陳總統授意給原住民族的社運團體，而是原住民族們在當時主動要求各總統候選人來跟原住民族協商的議題，它是原住民族二十多年來社會覺醒運動的產物。因爲，就原住民族社會運動而言，原住民族原來是台灣寶島的主人，在西方列強殖民國還沒有佔領台灣，以及漢系民族尚未來到台灣前，原住民族就已經存在台灣了。

台灣寶島這塊土地，絕對不是西班牙、葡萄牙、滿清政府，或是早期漢族逃難時所發現的寶島，在他們佔領、侵略、殖民前，原住民族的祖先就已居住在這個獨立自主的台灣。所以，所謂法源的自治，就要從這個歷史的基礎算起，才有它的正當性，並不是從異族或是漢人在台灣四百年來所建立的什麼「中華民國憲法」，將台灣原住民族劃爲與中國的邊疆民族等同，豈不知，台灣原住民族從來就不是中國

人。況且，近年來，美國的語言學布魯斯特（Robert Blust）、考古學家貝爾伍得（Peter Bellwood）、似瑤（Barbala Theil）等學者，認為至少在四、五千年以前，台灣已經有原住民族居住，而且還進一步主張南島民族的語言，是從台灣發展、茁壯、分化之後，再開始向外擴散出去的。[6] 易言之，台灣是南島民族的發源地，這無疑是原住民族歷史的一大突破，需要更多志同道合的學者專家，進一步去深入研究與探討。

這種歷史的資產，是台灣原住民族數十年來社會運動覺醒、自決、自主、自治的基礎，如果台灣的政府忽視了這個基礎，就很顯然的表明她是侵略台灣原住民族的政權，也無心步上先進國家那種對原住民族的虧欠與補償的措施，更談不上什麼與台灣原住民族建立什麼新的夥伴關係。其實，原住民族所需要的，不是什麼道歉或是補償的問題，而是誠心誠意的讓原住民族完全而自主性的自治而已。因為，這是原住民族在二十一世紀所能找到唯一可以使他們存活的道路，也是讓他們可以安心而族群生命得以永續發展的方式。如果阻擋了這個道路，就是斷了原住民族的活路，如果破壞了這種活路的方式，就是毀壞了原住民族生存的根基。這樣，原住民族就是被漢人的政權所同化，豈不知同化唯一的結果，就是原住民族群的滅絕。這就是台灣原住民族在現階段國家體制內，堅決提出自治訴求的原因。如同行政院原民會前主

---

6 潘英編著，《台灣原住民族的歷史源流》（台北：臺原出版社，1998），12。

委尤哈尼說:

> 每當強勢的異邦異族占有統治原住民族時,就對原住
> 民族的土地、生命財產、文化及族群延續造成了極大
> 的威脅,雖然原住民族試圖運用其微薄的力量加以抵
> 抗,但後果常是原住民族成為最大的犧牲者,當原住
> 民族不能得到獨立成為一個自主性國家的訴求時,為
> 了族群的生存與延續,原住民族不得不轉而屈就在國
> 家的體制內,提出自治的訴求。[7]

所以,自治是原住民族唯一的活路不僅是原住民族的
主觀意願,也是原住民族強烈的需求,更是台灣原住民族理
想的政策。現在,原住民族以自治做為與台灣政府建立新夥
伴關係的主軸,即是在要求政府還給原住民族原來就有的社
會與民主的政治,即是原住民族的自治制度。這個自治權,
四百年來長期的被異族統治者任意的剝奪毀壞,並用有利
於他們的殖民法、變相的漢化政策,讓原住民族既失去自主
性,又喪失了大量的土地權,難怪原住民族普遍地成了自暴
又自棄的民族,失去了自己的靈魂。只有自治一途,才能救
活原住民族的心靈,就看政府當局的誠意和良心了。

---

7 尤哈尼·伊斯卡卡夫特著,《台灣原住民族覺醒與復振》(台北:前
衛,2002),28。

## 台灣政府對「夥伴關係」的措施

　　針對台灣原住民而且又符合世界原住民民主與人權潮流的「夥伴關係」之自治的政體，台灣新政府到底有什麼善意的新措施？在陳水扁主政的國家政策裡，真的有努力朝向「原住民族自治與台灣政府的新夥伴關係」嗎？這種「新夥伴關係」在「後扁」政體，會繼續推動而完全落實嗎？嚴格來說，在藍、綠對立的政權裡，讓漢系民族去深入的思考與台灣原住民族這種對等的「夥伴關係」政權體制，幾乎是緣木求魚的事。儘管如此，新政府的原住民政策，遠比舊有政府的政策，大有進步。比方說，承認台灣原住民是這塊台灣寶島的原來主人，宣認原住民族各族群也是台灣的民族，推動原住民族母語的復振，行政院會率先通過了「原住民族自治區法」，與台灣原住民族簽訂「原住民族自治與台灣政府的新夥伴關係」再肯認的協定等等空前之原住民政策新的方向，在舊的政權裡，是完全做不到的事。但是，新政府對「夥伴關係」的落實，不但牛步化的緩慢，而且似乎在不知所措的態勢中，嚴重的影響新「夥伴關係」的推動。在這裡，本文舉出台灣政府對「夥伴關係」的幾項稍有進展的措施。

## 1. 尤哈尼主委「小型行政院」

　　有人說，「萬丈高樓平地起，萬事起頭難」。的確，原住民族要自治，有許多的難處，需要原住民族共同去面對。那怕是台灣的政府，用政黨惡鬥為由，無法以優勢的政黨在國會上主導原住民族的自治法，以貫徹陳總統向原住民族所承諾的「新夥伴關係」，新政府一樣應該要有意志力去推動。可是充其量，原住民族還是要自我凝聚共識，堅決地推動原住民族唯一活路的自治權，要回所失去的自主性之自治。問題是，自治的起頭是什麼？哪一個族群會是新夥伴關係的火車頭呢？

　　2000年的政黨輪替後，原住民族委員會主委尤哈尼在上任後首度記者會上表示，有信心在任內落實原住民族自治區，而且根據他的觀察，當時最有條件成立自治區的地方，就是蘭嶼島的達悟族。因為蘭嶼不僅在地理上獨立，達悟族也有高度的意願回歸千百年來的自治，他們的條件遠優於其他原住民族部落。雖然他們在財源上有顧慮，但在尤哈尼的一再重申下，認為未來原住民族自治區一旦設立，其位階應該隸屬原民會主管，而且原民會也應該是統籌所有原住民事務的「小型行政院」。[8]

　　坦白來說，當尤哈尼主委宣示將蘭嶼島重點規劃為原住民族自治區的火車頭時，原住民族的社會運動皆給予高度的肯定，並盼望盡速樂觀其成，讓原住民族產生骨牌效應而紛紛要求各自成立自治區。我們了解到尤哈尼主委一方面指示

---

8　參見《自由時報》（2000/5/26）。

企劃處著手規劃自治工作、研究自治相關的法案以研擬原住民族的自治法，並積極的推動部落地圖做為原住民族自治區域的法源參考依據外，也為原住民族舉辦了多場次自治說明會，以凝聚原住民族的共識，來建立原住民族的自治區為主軸，以進行與台灣政府對等的新「夥伴關係」。可是，在原住民族如此風起雲湧的自治聲勢下，不到兩年的時間，陳總統的政府撤換了由社會運動產生的尤哈尼主委，致使原住民族自治推動的精神與銳氣掉落了谷底，雖然後來的主委也努力的推動，但自治的活力，確實已不如前者。因此，有學者在質疑陳總統換下尤哈尼，是以在主委人事上做出高度技術性的手段，使原住民族自治的推動空轉地讓原住民空歡喜一場。

## 2.行政院會率先通過了「原住民族自治區法」

雖然如此，我們還是覺得陳總統對原住民族新夥伴關係的承諾是誠心誠意的。因為至少有兩個跡象，需要原住民族把握機會去推動屬於原住民族自己未來的自治。首先是前行政院長游錫堃於2003年6月3日的行政院會中宣布積極推動「原住民族自治區法」。他說：

> 在我國民主化的過程中，除了要調和省籍問題，以及客家和福佬間的族群齟齬外，更要面對如何與原住民族進行歷史和解的課題，也就是陳水扁總統向

原住民族所承諾的「新夥伴關係」。具體而言，就
是以平等的方式來協商彼此的定位，以求排脫四百
年來的內部殖民狀態，並能讓原住民族以自己決定
的民族方式來治理自己，這就是民族自治的基本理
念。[9]

對於這種「原住民族自治區法」草案提示文，我們肯定
行政院長認識到自治是原住民族唯一的活路，政府必須「要
面對如何與原住民族進行歷史和解的課題」，也就是以原住
民族歷史為基礎來建構原住民族的自治，並且「以平等的方
式來協商彼此的定位」。為此，爭議多時，而且幾乎不可能
行之台灣的「原住民族自治區法案」，在行政院會中，終於
拍板定案，行政院長游錫堃正式宣布，原住民族自治區法是
尊重台灣原住民族的主體性，以及承認他們是台灣原來主人
的一項法案。該法案明定原住民各族可以依法成立自治區，
實施民族自治，原住民自治的時代與永續發展將來臨。

原住民自治的議題，是台灣原住民族三十年來社會運動
訴求的主軸，特別在1993年的世界人權日中，原住民走上街
頭，高喊「我們要自治，不要同化」、「我們是台灣這塊土
地的主人」、「還我土地，爭取自治」等自力救濟的街頭運
動。之後，原住民的菁英將自治的需求，轉向參與聯合國人

---

9　參見前行政院長游錫堃於2003年6月3日行政院會中「原住民族自治區
　　法」草案提示文。

權委員會屬下「原住民人口小組」（Working Group on Indigenous Populations）每年一次的會議。因為，該工作小組，經過十年的研究報告，發現世界各地原住民的人權狀況極為嚴重，因而促使聯合國將1993年定為「世界原住民人權年」，並且在聯合國人權委員會底下設置防止歧視及保護弱勢者次委員會，由世界各國原住民族代表所組成的原住民工作小組，針對他們族群的現況及問題提出報告，經由聯合國的管道，建議各國政府重視並制定原住民人權相關之法律政策，以保障原住民人權。

　　所以，從聯合國人權委員會的角度看行政院所通過的「原住民自治區法」，雖然在層級上係屬公法，和協會、基金會相等，與原住民完全自治的需求落差太大，但在未來原住民族自治方向上，終於有了母法的依據。與其說行政院版的「原住民自治區法」，遠遠不及原住民族的主觀意願，倒不如說該法案極具原住民是台灣原來的主人的宣示，以承認原住民是台灣的原住民族，從來就不是中國人的自主性意義。因此，「原住民自治區法」不僅僅兼顧了原住民族的人權，以及尊重做為台灣原住民族的尊嚴，而且也呼應了聯合國推動世界原住民主觀意願的自治，與保障原住民人權的普世價值，為台灣原住民族的政策開創了新的紀元。

## 3.陳總統提出「準國與國關係」的承諾

　　再其次，總統又承諾原住民族在憲法上要有原住民族

的專章,以保障原住民族的自治,進而夥伴關係提升到「準國與國關係」的承諾。[10] 筆者要以擔任任務型國大參與憲政改革的心得來做回應,即以「保障原住民在憲法上的權利,促進原住民族與新政府新的夥伴關係」為題之說帖來說明如下:

> 我們就要行使國大的任務,投票複決憲法修正案了。這不僅是忠實履行了5月14日台灣人民投票選舉所付託給我們的「憲政改革」使命,也將是深化民主、捍衛台灣的另一項創舉。就台灣原住民族而言,這次有十三席的原住民國大,參與了這次的修憲,雖然不是各族代表比例制,但是比往年的人數、族群的參與進步多了。因為在民進黨籍的七位國大裡,有二位國大就是鄒族、賽夏族,過去未曾有過國會議員。可見憲政改革是國家進步的基礎,也是讓台灣原住民政治參與、憲法修正案不缺席的民主政治。
> 或許有人認為,原住民是台灣極為少數的民族,其人口也不過是台灣人口的百分之一點七而已。所以原住民的憲政改革是無關痛癢的事。也有可能大多數的原住民對修憲一知半解,而採取冷漠的態度,甚至於全然無知的態勢。但是,千不該也萬不該忘記,台灣原

---

10 陳水扁總統對原住民族「準國與國關係」的承諾,是在他競選第二任總統來到花蓮時,向原住民族所說的選舉支票。

住民族，包括已經漢化的平埔族，原來就是台灣這塊
寶島的主人，當然更有資格修憲，也當然更有權利制
憲的，不是嗎？

事實上，早期的憲法，原住民不但沒有參與，而且還
強迫原來台灣的主人原住民接受「中華民國憲法」的
統治，任何關乎原住民的政策都是被決定的宿命，完
全沒有原住民自主性的憲政體制。連原住民的傳統名
字也被迫「中國化」了。諸如復興鄉、光復鄉、信義
鄉、三民鄉、和平鄉等等不勝枚舉，這樣的結果，導
致原住民不認同自己是原來台灣的主人，尤有甚者，
陷入了自暴自棄的民族，以原住民的身分為恥，以
「中國人」為傲的認同上弔詭。

幸好，在原住民菁英的自我覺醒下，為爭取原住民族
的權利走上了街頭，因而好不容易在過去六次的修憲
中，原住民得以正名，並在憲法上有了原住民的增修
條文，接下來，原住民在政策上才有今日不少的福利
和權益。比如行政院原住民事務委員會來綜理原住民
族的事務與福利，對土地與經濟，以及推動原住民族
的母語政策等等。再說，過去的憲法從來不承認台灣
原住民是多族群的民族，因此讓原住民不斷被同化，
甚至滅族了。豈不知在荷蘭時期，原住民有五十三個
族群，在日據時代剩下了二十六個族群，在國民政府
時期只剩下了九族。但在政黨輪替後的今天，即由
2001年至2007年行政院讓被消滅的四個族群，陸續核

定為邵族、噶瑪蘭族、太魯閣族、撒奇萊雅族等族正
名，恢復了他們做為台灣民族之一員，使原住民族，
由過去的九族，變成了今日的十三個族群。可見，憲
政改革攸關原住民族的興亡，憲法若不修正以符合台
灣人民、民族量身定做，台灣的民族發展不會進步，
台灣的民主也不會深化。

因此，這次憲法修正案，對台灣原住民族來說，是邁
向自治需求的第一步，也是我國憲政體制向國際社會
宣示，在憲法上保障台灣原住民族的權利，誓與先進
民主國家接軌，因為在先進國家裡，都將該國原住民
族放在憲法保障其權利與民族的尊嚴。讓我們誠懇地
呼籲，原住民活出自己的民族尊嚴，才能深化台灣的
民主，以促進原住民族與新政府新的夥伴關係。[11]

陳總統提出「準國與國關係」的承諾，以及任務型國大
的修憲後廢除國民大會的重大憲政改革，無可諱言的為日後
原住民族在憲法上有原住民族專章做鋪路，以憲法保障「原
住民族與台灣政府的新夥伴關係」的推動與落實。但是，
很可惜的，這種原漢關係具有深化台灣民主、促進族群的
創舉，在泛藍一波未平一波又起強力的政爭下，無法如期推
動，這對台灣原住民族來說，情何以堪？即使如此，行政院

---

11　本文是筆者被民進黨選為唯一代表原住民在國大議會上為憲法修正案
　　前所預備的說帖文稿。而文中的2007年行政院讓撒奇萊雅族正名，在
　　當時還未正名，是筆者在謄寫這篇講稿後才補上的。

原民會不但不能推卸責任，而且要用行政的資源與公權力來推動，絕不能坐視層峰的推託，也不能期待漢人所主控的國會之關愛眼神，替原住民決定，行政院原民會與原住民本身的意志力，極為重要，讓我們結合在一起，共同推動台灣原住民唯一活路的自治政策，使原住民族在台灣能永續發展。

## 4. 國會通過了「原住民基本法」

　　推動原住民族自治的原住民社會運動者，在政黨輪替後，有些原住民的社運與菁英已經在新政府團隊入閣，任國策顧問、考試委員，或立委，其中也在綠色主政的院轄市、縣政府做原民局層級的主委或局長等重要的職務。[12] 在這個政治氛圍下進入新政府體制內的原運，不免會讓人落入口舌說，推動原住民社會運動者，有政治利益與前途的考量，一旦入閣或被摸頭後，就失去原運者的資格。憑良心說，在台灣戒嚴時期，當我們推動原住民族各項權利的爭取，而發動原住民族社會運動時，講這些話的人不也是與統治者站在同一陣線，說我們是「偏激份子」、「與匪串通」、「要被逮捕」、「思想有問題」的激進份子嗎？當原運者甘冒著生命的危險，也不怕被控危害社會治安，甚至於不畏遭羅織危害

---

12　原運做行政院原民會主委的有尤哈尼‧伊斯卡卡夫特，並當過國策顧問，現任主委的夷將‧拔路，並做過台北縣的原民局局長，趙貴忠做過高雄市原民局的主委，還有其他原運者約十餘位參與新政府不同的職務。

國家安全之罪名，推動原住民正名、自治、還我土地等等原
住民各項的社會運動，說那種話的人，在那個時候，怎麼不
出來聲援原住民呢？很清楚的，在那個時候，他們不挺原住
民沒有關係，他們不要站在壓迫原住民族的政權，來打壓原
運呀！再說，有不少的原運者，沒有在體制內要求任何的職
位，只盼望新政府盡速還給原住民族原有的部落活路的自治
而已。

　　我要說的是，原運參與新政府的團隊，能在體制內推動
原住民族各項應有的權利，也有它正面的意義，也就是說，
不管在什麼職場上，只要他們對原住民忠實，把原住民的利
益、生存的尊嚴、民族的永續發展擺在前面，他們還是原住
民的原運者。不要像一些政客，或御用的學者，背後有政黨
的操作，一方面打壓原運，另一方面還一味支持過去不承
認台灣原住民族，硬要把台灣原住民說成「中國人」之變相
的原住民政策的政權。事實上，原運在新政府體制內，沒有
忘記對原住民族的使命，把原運的精神帶進新政府裡，繼續
推動原住民族活路的自治政策，而有著一番的大作為。比方
說，母語文化的復振與推動，原住民在憲法上「民族」的位
階，恢復四個族群的「族名」，行政院會率先通過了「原住
民族自治區法」，原住民傳統領域的調查，五十五歲領取老
年年金，原住民工作法保障的工作權，「原住民與台灣政府
新的夥伴關係再肯認協定」，以及立法院正式三讀通過「原
住民基本法」等等豐功偉業的空前政策，這些大部分是舊政
府不但不可能做到的，而且是最忌諱又禁忌去談的原住民族

唯一活路的自治政策。當然，在政策執行面、實施細節有許多窒礙難行之處，需要當事者繼續去執行與推動。

特別是「原住民基本法」，好不容易立法院在2005年1月21日正式三讀通過並於同年2月5日由陳總統正式公布施行，這是台灣原住民族劃時代的一項政策，也是漢人政府還給原住民族一個遲來的正義，符合「聯合國原住民族權利宣言」（United Nations Declaration on the Rights of Indigenous Peoples）[13]的精神與意義。簡言之，陳水扁總統在2000年總統大選前與原住民運動朋友簽定「原住民族與台灣政府新的夥伴關係」後，應原住民社運的要求與須再肯認，所以2002年擔任中華民國總統任內又簽署「原住民與台灣政府新的夥伴關係再肯認協定」。在2005年1月21日，立法院正式三讀通過「原住民基本法」，並於同年2月5日由總統正式公布施行。所以，「原住民基本法」，可以說是源自於陳水扁總統對原住民族一個正式的法律承諾。台灣政府若能落實該法，對原住民族的民主深化、尊嚴的提升、人權的保障、自治的實現，勢必漸入佳境，這樣不但提升國人的民主素養與發展，而且成為世界原住民族人權政策的楷模。

---

13　此宣言過去稱為「世界原住民族權利宣言」，在聯合國通過了原住民族權利宣言後，而稱為「聯合國原住民族權利宣言」。聯合國人權委員會為了保護世界原住民族的生存與人權，從1985年至2007年，經過長達二十二年的草擬、協商、遊說並推動後，在今年（2007年）的9月13日第六十一屆聯合國大會第107與108次會議中以143國贊成、4國反對、11國棄權、34國缺席投票結果正式通過了「聯合國原住民族權利宣言」。

拾

# 從「聯合國原住民族權利宣言」的宗旨與精神談台灣原住民族的人權

2007年9月13日，為台灣原住民族社運者雀躍萬分的日子。因為原運在過去二十餘來所爭取的各項原住民族應有的權利，不僅隨著新政府的執政有所進展，且在國際參與全球原住民族人權的推動上亦有顯著的進步。特別是2007年9月13日第六十一屆聯合國大會第107次與108次會議中，通過了該會人權委員會底下成立「原住民人口工作小組」（Working Group on Indigenous Populations）所推動長達二十二年的「聯合國原住民族權利宣言」（United Nations Declaration on the Rights of Indigenous Peoples），此為全球原住民族所努力奮鬥和期待的日子。

問題是，無論是台灣政府，或是台灣原住民族同胞，會真正了解「宣言」的宗旨嗎？也會明白「宣言」真正的基本精神嗎？這個問題，對台灣原住民族何其重要，因為它關係著原住民族的基本人權，及其未來的生存方式。為什麼呢？

## 原住民族反強取豪奪與滅絕的精神，
## 促成了聯合國制定「宣言」的基礎

　　當聯合國在2007年9月13日通過了「原住民族權利宣言」時，我們必須澄清一個重要的觀念，認為這項「宣言」是聯合國主動關注全球原住民族的人權和生存方式，是聯合國嘉惠原住民族的「宣言」。事實上，並非如此，因為當我們了解該「宣言」通過的過程時，我們會發現到是原住民族自己在聯合國所奮鬥的結果，也是全球原住民族主觀意願主導了「宣言」的宗旨與精神。

　　這如何說呢？原住民族為了自己族群的延續與生存，讓那些「乞丐趕廟公」的非原住民，或是以武力侵略原住民族的統治者，不再對原住民族予取予求的豪奪，原住民族已經懂得如何在當前國際局勢上爭取自己的地位、人權，以及各項應有的權利。因為原住民早在1923年前，由加拿大Haudenosauneewo的酋長帖斯卡黑（Deskaheh）到設在瑞士的國際聯盟爭取並捍衛他們自己的族群的法律，以及他們自己對土地的信仰之權利。[1] 無獨有偶地，在一年之後，來自紐西蘭的毛利人的宗教領袖拉大那（T. W. Ratana）也到倫敦和日

---

1　國際聯盟（League of Nations）是第一次世界大戰後組成的國際組織，宗旨是減少武器數量、平息國際糾紛及維持民眾的生活水平。但國聯卻不能有效阻止法西斯的侵略意圖與行為，因此在第二次世界大戰後被聯合國取代了。國際聯盟，可謂是聯合國的前身。

內瓦去抗議英國對1840年Waitangi協議的破壞。因為，在該協議中英國承認紐西蘭毛利族的宗主權，[2] 但是英國在那時卻侵占毛利族所擁有的各項權利，並且蓄意的破壞雙方所達成的協議。在那個時候，英國卻利用權力去影響各國，讓那兩位原住民族的領袖被拒絕進入國際聯盟。[3] 儘管如此，他們呼籲全球原住民族，在非原住民的統治下，奮力捍衛自己唯一生存的權利。

　　全球原住民族如此反侵略、反同化、反掠奪、反族群滅絕的精神，促成了聯合國制定「聯合國原住民族權利宣言」的基礎，以聲援原住民族反強取豪奪的精神，並防止他們被滅絕。因此在1982年，聯合國經濟社會委員會（Economic and Social Council）部門決議隸屬人權委員會（Commission on Human Rights）的防止歧視和保護弱勢族群次委員會（Sub-Commission on Prevention of Minorities）底下成立「原住民人口工作小組」（Working Group on Indigenous Populations），每年召開一次的會議，發現世界各地原住民的人權狀況極為嚴重，因而促使聯合國計劃1993年到2003年訂為「國際原住民年」。在這些年裡，廣邀全球原住民共同討論並起草「宣言」的內容，台灣的原住民也派員赴會參與，「宣言」在期限內完成。在原住

---

2　所謂的宗主權，即承認原住民族所固有的律法、政治、教育、經濟、土地等之各項權利。

3　Scott Simon, "Think Globally, Act Locally: Transforming International Indigenous Law into Political Action," *Formosan First Nations: Development, Autonomy, Human Security* (The Third Conference on Social Transformation, Nov. 5-6, 2007), 118.

民族與人權委員會全力的遊說下，於2007年9月13日通過了
「聯合國原住民族權利宣言」。所以，原住民族反強取豪奪
與滅絕的精神，無疑促成了聯合國制定了這項劃時代「宣
言」的基礎，亦深具全球原住民族爭取人權與尊嚴的精神，
並非聯合國賜與原住民的「宣言」。

## 以原住民族的人權為宗旨的「宣言」

　　從上述所言已知「宣言」是隸屬聯合國人權委員會的防
止歧視和保護弱勢族群次委員會底下成立的「原住民人口工
作小組」，去多方了解原住民生存的問題，明白原住民被掠
奪的狀況，知道原住民主觀意願的生存方式後，進行小組的
討論、分析與研究，以便探討原住民人權的問題，進而將其
問題的分析用宣言來保障。「原住民人口工作小組」主要有
兩種使命：一種是為檢視與原住民族人權、基本自由權之提
升與保護相關的發展，另一種為關注與原住民族權益相關之
國際規範的演進。[4] 所以，聯合國的「宣言」，是以原住民
族的人權為宗旨。這就是為什麼該「宣言」，由聯合國人權
委員會部門負責籌劃、制定，並在聯大會議中提出的原因。
　　在「聯合國原住民族權利宣言」所有的條文裡，雖然
沒有宗旨與精神這樣的字眼以指明「宣言」的主要內容與

---

4　行政院原住民族委員會，《聯合國原住民族權利宣言》（王雅萍
　　譯），1。

意義；但是，從「宣言」第一條的內容就已經表明其宗旨精神。正如第一條這樣說：「原住民族無論是集體或個人，均有權充分享受聯合國憲章、世界人權宣言及國際人權法所肯認之所有人權與基本自由。」所以，根據這個宣言，明確的指出聯合國憲章、世界人權宣言和國際人權法爲「聯合國原住民族權利宣言」的依據。既然是依據，那麼聯合國黨章、世界人權宣言、國際人權法律的宗旨，當然亦是此「宣言」的宗旨。茲一一說明之。

## 1.聯合國憲章保障原住民族生命的安全

首先，「宣言」在第一條開宗明義地指出「原住民族無論是集體或個人，均有權充分享受聯合國憲章」，那麼聯合國憲章的宗旨，到底有什麼樣的條文保障原住民族人權呢？聯合國憲章第一條之宗旨爲：

（一）維持國際和平及安全；並爲此目的：採取有效集體辦法、以防止且消除對於和平之威脅，制止侵略行爲或其他和平之破壞；並以和平方法且依正義及國際法之原則，調整或解決足以破壞和平之國際爭端或情勢。（二）發展國際間以尊重人民平等權利及自決原則爲根據之友好關係，並採取其他適當辦法，以增強普遍和平。（三）促成國際合作。以解決國際間屬於經濟、社會、文化、及人類福利性質之國際問題，

且不分種族、性別、語言、或宗教、增進並激勵對於
全體人類之人權及基本自由之尊重。（四）構成一協
調各國行動之中心，以達成上述共同目的。[5]

　　當我們看這個聯合國憲章第一條之四項宗旨時，看來
與原住民族人權好像沒有什麼關聯，因為該宗旨只顧及國際
（international）間的問題，而忽略在地（local）安全的問題。畢
竟國際的問題，是強國之間利益的衝突與爭執；在地小區域
的衝突與爭執，常被邊緣為國家內政的問題。因此，誤以為
聯合國憲章的宗旨，乃「維持國際和平及安全」、「發展國
際間以尊重人民平等權利及自決原則」，以及「促成國際合
作」，與在地的原住民毫無關係。事實上，該宗旨對原住民
族生存的安全與生命的財產有很大的關係。因為，即使原住
民沒有能力引起國際爭端，但由於一、二次世界大戰，多少
的原住民族不是被迫當成殖民帝國的傭兵與無冤無仇的人對
戰，就是原住民的所在地成為戰場，嚴重地波及原住民生命
的安全。譬如，不少的台灣原住民被日帝強迫徵召赴南洋為
其戰爭；況且，戰爭下許多不可預期的傷害，如：疾病、戰
犯、化學毒氣、未爆彈、侵略、佔領等等，原住民不但被迫
無奈地默默承受，亦成為人權上的沙漠。

　　為此，聯合國憲章之宗旨所強調的「維持國際和平及安
全」、「發展國際間以尊重人民平等權利及自決原則」，以

---

5　http://www.hku.hk/law/conlawhk/sourcebook/human%20rights/40001.htm

及「促成國際合作」直接影響區域與在地的和平與安全，以防止且消除對於原住民和平之威脅，並且制止任何侵略原住民行為的發生。另外，宗旨也以尊重人民平等權利及民族自決的原則為根據，包括不分種族、性別、語言、或宗教、增進並激勵對於全體人類之人權及基本自由之尊重。只要原住民有這些問題的發生，原住民就可以根據聯合國「宣言」，要求仲裁與保護。所以，聯合國憲章保障原住民族生命的安全。

## 2. 世界人權宣言之宗旨保護原住民族的人權

其次，「宣言」第一條也進一步的保護原住民族的人權：「原住民族無論是集體或個人，均有權充分享受……世界人權宣言。」這可以從世界人權宣言的主體思想和平等原則的第一條文、第二條文，瞧出其端倪：

> 第一條：人人生而自由，在尊嚴和權利上一律平等。他們賦有理性和良心，並應以兄弟關係的精神相對待。
>
> 第二條：人人有資格享受本宣言所載的一切權利和自由，不分種族、膚色、性別、語言、宗教、政治或其他見解、國籍或社會出身、財產、出生或其他身分等任何區別。並且不得因一人所屬的國家或領土的政治的、行政的或者國際的地位之不同而有所區別，無論

該領土是獨立領土、托管領土、非自治領土或者處於
其他任何主權受限制的情況之下。[6]

關於聯合國的人權，我們所得的資訊可能僅就以聯合國
將1995年到2004年訂為「國際原住民年」的「原住民人口工
作小組」這一段時間而已。其實，聯合國為了使二十一世紀
真正成為「人權的世紀」，在這個十年裡，亦訂定為「聯合
國著手人權教育的十年」。因為，人類在二十世紀裡從兩次
世界大戰慘痛的經驗下，學習到極為寶貴的教訓：「沒有和
平的地方，就沒有人權」，亦即「沒有人權的地方，也不會
有和平」。這是住在地球上的人類，為了能共同生存、和平
共生所建立的普世價值。[7] 所以，「世界人權宣言」的第一
條就強調人人生而「自由」，在尊嚴和權利上一律享受「平
等」的權利。

就台灣原住民族的人權而言，嚴重的喪失了命名、族群
認同、依賴山林海洋、語言文化、取得傳統領域與土地等完
全自治的「自由」，十三個族群原住民的國會議員們也不能
實施民族代表制度，讓絕大多數的原住民族必須投給非自己
族群的候選人，這樣不但加深族群之間的嫌隙，少數民族也
因而失去了人權宣言所說的民族「平等」的權利。因此，聯
合國人權宣言人人生而「自由」、「平等」，這不僅是台灣

---

6 　http://wildmic.npust.edu.tw/sasala/human%20rights.htm
7 　許世楷，《有故事的世界人權宣言：年輕一代的朋友們》（台中：昱
　　盛，2002），9。

原住民族在轉型正義的政治氛圍中，所需要的原住民政策的
基礎，這也是世界人權宣言之宗旨以保護原住民族的人權。

## 3. 國際人權法之宗旨，保障原住民族的自由及平等

　　1948年12月10日在巴黎召開的聯合國大會，決議通過了
《世界人權宣言》的這一天，也被訂為「人權日」（Human
Rights Day），讓世人每年來紀念，以便深化與促進人人對人
權的認知和落實。六十年來，由於全球化的大趨勢以及國際
間的接觸與互動已日趨頻繁，促使當代主流的國際法已由抽
象的國家為中心，演化為以人民為中心的國際法，來保障人
民生存的權利及其生命的尊嚴。因為，人性具有不可抹殺的
權利，人生來也有不可屈辱的尊嚴。[8] 這樣的權利、尊嚴，
是受到國際人權法的保護，而「不分種族、膚色、性別、語
言、宗教、政治或其他見解、國籍或社會出身、財產、出生
或其他身分等任何區別」。即使是國家也是無權剝奪人民這
樣的權利與尊嚴的，因為台灣國際法學會理事長陳隆志如此
認為：「國家為人民而存在，不是人民為國家存在。人民是
國家的目的，不是國家的工具。」他又說：「國際人權法產
生、生長、發展，就是以人性尊嚴為依歸的新的國際法為最

---

8　陳隆志，〈由國際人權法談人權立國〉，《新世紀智庫論壇》（第34
　　期，2006年6月30日）：28。

佳的表徵。國際人權法已發展爲當代國際法最重要的一個部門。」[9]

　　可見聯合國的世界人權法，已經不再純粹規範政府對政府、外交部對外交部的關係而已，也不再只是關心國際的和平與安全而已，亦積極關切各種資源有效的利用、人民的基本自由權利、民主政治的參與發展、國際資訊的流通、人民的健康安全、弱勢民族的生存與人權、不同宗教種族的共同生存、反恐平安相處等等的問題，都是當代國際法所關切的問題。換句話說，國際法是國際社會成員爲闡明實現他們共同的利益，持續不斷討論決策的過程。[10] 什麼是國際社會共同的利益？陳隆志指出：

> 當代國際社會共同的利益一方面是維持最基本的世界秩序，確保國際的和平及安全；另一方面是促成最適當世界秩序，促進自由人權，政治經濟社會文化的發展合作，資源的有效運用，全球環境保護，達成各種價值人人同成分享，提高人人生活的品質。[11]

　　由這樣的論述已知，國際人權法是以人性的尊嚴爲依歸而不斷發展的決策過程。雖然台灣非聯合國的會員國，但是台灣也是國際社會的成員之一。即使是台灣原住民族的人

---

9　陳隆志，〈由國際人權法談人權立國〉，《新世紀智庫論壇》，28。
10　陳隆志，〈由國際人權法談人權立國〉，《新世紀智庫論壇》，27。
11　陳隆志，〈由國際人權法談人權立國〉，《新世紀智庫論壇》，27。

性尊嚴，也是受到國際人權法的保障。換句話說，原住民人權的問題，就是國際人權的問題；國際人權的問題，台灣原住民族也有責任分擔的。舉例來說，過去原住民的土地被林務局無緣無故大量的掠奪，沒有經過任何買賣、契約等合法的過程，就白白將原住民的土地劃歸為國有林地。像這樣的事件，原住民可以訴諸於國際法庭，形成國際人權問題的壓力，將失去的土地歸還給台灣原住民族。而台灣原住民族的自由及平等，是在擁有民族唯一活路的自治下，才得以保障的。所以，原住民族的自治，是保障原住民族人權、自由及平等的機制。

## 談台灣原住民族的人權

從「聯合國原住民族權利宣言」，到聯合國憲章保障原住民族生命的安全、世界人權宣言之宗旨保護原住民族的人權、國際人權法之宗旨保障原住民族的自由及平等的國際法，無不全力保護全球原住民族的人權、生存權。這樣的措施，台灣政府有責任以人權為主軸的議題，教育國人正視人權的思維和價值，特別是對原住民族人權的保障與關注，亦當投入更大的決心與努力，以厚植國人的人權，深化人權的品質。

然而，人權對台灣原住民族而言，亦是極其重要。雖然原住民族非常的在地（localization），也很堅持其疆域（region）；但，缺乏人權全球化（globalization）的資訊，而不

知自己是國際人權的重要成員之一。然而，對於人權的教育與資訊的傳遞，原住民族的菁英應當負起這項責任，使原住民族的同胞知道任何違反人權的事件，原住民族是不會孤單的，因為除了自己擁有維護人權的天性外，也會有國際人權法與實踐人權者的聲援。更重要的是，原住民族本身要知道，在非原住民主掌的政權裡，人權不是從天上掉下來的禮物，是由人民的天性在反迫害爭尊嚴之一連串長期而持續累積的結果。這就是為什麼從1986到2005之間有關原住民族的社會運動會一波又一波的走向街頭，爭取自己應有的人權與自治權利。原住民的人權在現階段綠色執政中雖然稍有改進，如：還給原住民族的正名、民族、母語，有了原住民的電視頻道、隸屬中央的原民會等等的權利，但是原住民的人權依然是台灣人權的沙漠。因為，原住民族的人權，必須以原住民的觀點與立場來衡量才對，而非以漢人的統治與規範來論之。易言之，原住民族怎麼看自己的人權？原住民族需要什麼樣的人權？那樣的人權，台灣政府會尊重與保障嗎？

## 1. 民族與正名權：承認原住民族，並儘速完全原住民的正名

　　人權是原住民族的自由，沒有自由就沒有人權。過去由於獨裁政權的統治，原住民族不但沒有自由自在的命名權利，還強迫原住民族必須冠上漢姓、漢名，嚴重迫害原住民族的命名權利，撕裂原住民家族倫理的情感。雖然，現在已

經可以恢復傳統的名字，但是由於承辦人員的百般刁難，以及各種證件的換發造成諸多的不便，當局又沒有類似「馬上辦中心」便民的措施，導致今日只有一千多位的原住民族人已完成正名。原住民本身也要有做爲原住民的天然骨氣，既然傳統名字現在可由自己去決定正名，就當堂堂正正的向戶政單位要求復名，況且那是承辦人的義務，他們是人民的公僕。特別是，原住民未來主人翁的新生兒之登名，要全面化的使用原住民的名稱，不要讓他們重蹈我們當年背負著漢姓、漢名的沉痛經驗——醜化自己族名。我們應當知道，每一個名字是原住民固有認同的「身分證」，放棄自己的傳統名字，即是捨棄自己身分的認同。近來，有一些原住民同胞在正名的過程中，仍保留漢姓、漢名，而只加註了羅馬字的原住民之名字。這顯然是以「漢名爲主，原名爲輔」之變相正名的權宜之計，無濟於原住民身分的認同，對原住民亦無任何的加分。

　　除了正名外，原住民的民族身分，民進黨政權可謂有很好的政績，從國民黨政權否認原住民具有民族的身分，以及原住民族群逐漸式微的過程中，逐一地讓原住民族正名，才有了現在的十四個族群。[12] 但是，還有極力要民族正名的平埔族群，政府當從寬恢復並從中協助其語言的復振，以尋回他們做爲台灣民族身分之一員的權利。就以原住民族來說，

---

12　民進黨政府5月20日卸任前，行政院於2008年4月23日的院會中通過了賽德克族的正名，使台灣原住民族添爲十四個族群。

他們在台灣寶島上四百年來發展的權利上，因著外來族群的同化與滅族的政策而節節敗退。如同，原住民族在荷蘭時期，至少有五十三個族群以上；但是，到了日本時期，還剩下二十八個族群。到了國民政府時期，只剩下阿美族、泰雅爾族、排灣族、布農族、卑南族、魯凱族、鄒族、賽夏族、雅美族等九個族群，台灣原住民可謂險些遭到「全族」覆沒。好在，原住民長老教會、玉山神學院學生與校友，以及原住民社會菁英的憂患意識，推動了原住民族的社會運動，且在台灣第一次政黨輪替之民進黨政府的加持下，分別讓邵、噶瑪蘭、太魯閣、撒奇萊雅、賽德克等正名為台灣原住民族，才有了現在的十四個族群。也由於原住民的努力，以及很難得不分黨派的原住民立委在國會推動，將這個正名制度化下，立法院終於在2005年1月4日制定了原住民基本法，並在2月5日由總統公布之。對於原住民正名的法制化，原住民族基本法第二條這樣規定：

> 原住民族：係指既存於台灣而為國家管轄內之傳統民族，包括阿美族、泰雅爾族、排灣族、布農族、卑南族、魯凱族、鄒族、賽夏族、雅美族、邵族、噶瑪蘭族、太魯閣族、撒奇萊雅及其他自認為原住民族並經中央原住民族主管機關報請行政院核定之民族。[13]

---

13　http://seed.agron.ntu.edu.tw/agra/indilaw.htm

　　當然原住民正名的權利，還要擴及到原住民族的地名、山名、河川名、部落名等等，亦當完全的正名。因為，那些名稱的背後，都有原住民生活的故事，每一個名稱都具有歷史的典故，需要予於保障，才是重視台灣原住民族人權的第一步。

## 2. 歷史與地位權：
## 　 確立原住民族為「台灣原來的主人」

　　關於原住民的人權，最常被統治者有意與無意的忽略，也是原住民族最吃虧之議題，即是原住民在台灣的歷史與地位權的確立之問題，因為，這關係到原住民族為「台灣原來的主人」的意義與資產。至於原住民在台灣的歷史有多久？研究台灣歷史的史明，依據許多日本人和台灣學者的研究，認為台灣原住民族群大部分是從東南亞海路北移上來的「南來說」，從而推定原住民在台灣至少已有五千年以上的歷史，史明如此說：

> 戰前的日本人和台灣人的學者以及戰後的中國人專
> 家，長年研究結果，發現到距今約五千年之前，也
> 就是人類學上的新石器時代（the Neoliticerd），地質學
> 上的沖積期（The Alluvial Epoch），已經有人類生棲於此
> 地。[14]

　　史明進一步的說明，由於原住民的史前文化找不出和中國、印度、阿拉伯這些古代亞細亞的三大高級文化有任何的關聯。因此，可以推定原住民在這三大文化尚未影響到原住地的印度尼西亞文化之前，就已移民到台灣來。具備這些種族、言語、文化特質系統的原住民，「就是台灣黎明時刻的先導，也就是台灣最初的主人」。[15] 李筱峰教授以歷史學的觀點，提出一種新而又綜合性的解釋。他說：

> 儘管台灣的原住民可能分別，分批於不同時間從西邊，南邊或北邊來到，（甚至以台灣為基點而遷往他處）但他們居住在台灣起碼二、三千年的歷史，已經土著化了，總不能視他們為外來者了。站在今天的時空基點上，他們是早期台灣的主人。[16]

　　由原住民從哪裡來的探究，到原住民在台灣有多久的歷史之研究，雖眾說紛紜、莫衷一是；但，對史明的論據，即認為原住民在台灣至少有二、三千年，甚至五、六千年以上的歷史，近代的史學者與專家皆持以肯定的態度。特別在一九九八學年度國中一年級之「認識台灣」的教科書裡，從

---

14　史明著，《台灣人四百年史（漢文版）》（蓬島文化公司，1980），14。

15　史明著，《台灣人四百年史（漢文版）》，14。

16　李筱峰，〈台灣歷史不是中國的鄉土史〉，《自由時報》（1997/6/2）。

國家的基礎教育，已著手認定原住民在台灣歷史先前的主體性，書中如此說：「五、六千年來，原住民在這塊土地上過著自立自主的生活，不受外力干涉。」以此開頭做為台灣人追求當家做主的傳承之一，把原始民主制做為台灣民主追求的精神淵源，這絕對是首度承認原住民的歷史資產。因此原住民歷史意識的問題之一，在於原住民本身是否覺悟到自己原來是台灣最初的主人？原住民是台灣最初主人之歷史事實，能否喚醒原住民同胞們肯定自身歷史權的遺產？原住民在台灣的歷史上，至少比福佬人、客家人、新住民還要更早生存在台灣。這樣的覺醒，將賦與、甚至豐富原住民生命的自信，成為今日有尊嚴的原住民。因此，被稱為「台灣原來的主人」或「原住民族」是無可厚非的事。

　　在上述中，我們從台灣歷史的立場，認定了原住民史是台灣歷史的原始點外，同時也確認了原住民也是台灣歷史主體之一。所幸，這種的歷史確認，近來已從台灣教育本土化著手做起，即以台灣人的史地做為歷史教育的主體，而開始編出了國一「認識台灣」（社會篇）之創舉。雖然該書有少許不可避免的「番」字而引起爭議，但是不可否認的，該書對原住民有相當突破性的歷史肯定。如同當時編審委員召集人，現為教育部長杜正勝指出對原住民歷史的肯定：（一）我們說閩、粵移民有相當人數與平埔族通婚，加上平埔族漢化，而成為「漢人」，今之漢人有不少是原住民後裔。（二）我們說「五、六千年來原住民在這塊土地上過著自立自主的生活，不受外力干涉」以此開頭做為台灣人追求當家

做主的傳承之一，把原始民主制做為台灣民主追求的精神淵源。[17]

台灣本土化的歷史觀，既然是如此肯定原住民在台灣歷史的重要性，原住民的歷史神學也當有如此的肯定。除此之外，也當進一步的深入面對原住民人性的問題，那就是原住民是誰之根本的問題。就台灣本土而言，原住民原來就是台灣的主人翁，也是道道地地的台灣人。

## 3. 文化與教育權：
## 活化原住民族部落文化教育的機制

部落是原住民族生命工程的塑造者，具有原住民族的教育機制、宇宙自然觀、生命價值、做人處事的部落教育功能。今天，當我們在談原住民族部落營造時，也意味著當努力發掘原住民族傳統教育，對原住民族精神教育的重要，以及塑造具有原住民族生命活力的機制，是任何要重建原住民精神文化或關心原住民部落教育者，一項刻不容緩的事。是的，今天原住民族自我身分認同的式微、成為自卑感重的民族，與忽略部落價值體系不無關係。所以認識原住民族部落教育的機制，對提升原住民族的尊嚴，非常重要。問題是我們原住民當如何營造原住民族部落教育的機制呢？我要從四方面跟大家來分享。

---

17　《自由時報》（1997/7/31）。

## （1）民族教育權：部落，是原住民族生命教育的基礎

　　就一般教育而言，家庭的教育是國家教育、學校教育的基礎。那麼台灣原住民族的家庭教育，在傳統上與部落的教育是息息相關的。因為家庭教育述說了部落的傳承故事、英雄事蹟、部落的由來、奮鬥與形成，以及部族的根源與延續；而部落凝聚了原住民家庭的向心力，而且形塑了原住民族的身分認同，也樹立了原住民族的心性特質。

　　換句話說，原住民之所以成為原住民，就是因為部落教育使然而成的，沒有部落就沒有原住民了。捍衛部落是每位身為原住民的天職，也就是說，為部落而生，為部落而活，甚至於也敢為部落而犧牲。部落也賦予了原住民生命的意義，原住民在部落裡，不僅活得像原住民，而且也找到了自己。因此，原住民與部落的關係，就是生命共同體的關係，沒有原住民就沒有部落，沒有部落就沒有原住民了。

　　上面所說的觀點，就是原住民部落的基礎教育。這種原住民族的基礎教育，對原住民來說，十分的重要，它雖然沒有如同現代教育那樣文字化，但在部落的生活上以機會教育來傳授。做什麼就傳授什麼，說什麼就教育什麼，聊什麼就聊出原住民的生活故事，甚至於以載歌載舞的方式來傳述原住民族的音樂文化。我們可以說，原住民部落的基礎教育，是以原住民的人性尊嚴為本的教育，即是教育族人如何成為真正的原住民。

這種成為真正原住民的部落基礎教育，在現代化的教育裡不但被漠視，而且還強迫原住民放棄部落傳統教育，隨之定出原住民「山地平地化」的教育目標，以「中國化」和「漢化」的雙重教育來同化原住民，讓原住民誤以為做「中國人」重要，錯認原住民是次要的民族。如此這般原住民教育的結果，造成了原住民在台灣族群裡誠如李喬所說的「自卑又自棄的原住民族」。說到這裡，我們既不是要成為一群反智的民族，也不是要反對現代化的教育，乃是說原住民部落的教育非常的重要，也需要現代化的教育來提升。同樣的，原住民現代化的教育，必須以原住民部落教育的機制為基礎。因為這樣的教育機制，不但會讓原住民找到了自己，而且也會以原住民的身分為榮。

## （2）文化教育權：部落傳統精神文化的教育機制

誠如上一段所說的，成為真正的原住民這個議題，是部落教育的基礎，也是部落教育的基本精神與本質。這是現代教育一直忽略，甚至於所漠視的事實。我們台灣原住民對這種部落教育的式微，當然要負很大的責任，因為我們也如同現代一般教育一樣，漠視部落的精神教育，以至於失去了堅強的原住民意識，其結果，自己甘願成為台灣族群中三流、四流的民族。所以今天部落的基礎教育，對原住民來說何其的重要，也是關乎原住民族生命的延續，以及未來原住民是否還能存在的重要因素。

　　要成為道道地地的原住民之部落教育，至少有幾個教育的模式。首先，是語言的教育。部落的語言教育，雖然沒有文字來教導聚落的人，但卻是藉著日常生活的交談與互動，來延續、保存、創造其母語文化。無可否認的，母語是防禦原住民身分最堅強而唯一的堡壘，沒有母語就失去做原住民的身分，今天之所以還有台灣的原住民族，就是因為原住民依然保有其母語的文化，一旦失去了這些，就形同行屍走肉，沒有原住民靈魂的生命，失去了原住民生命的色彩。所以原住民通過部落的母語生活教育，來傳遞母語的文化，原住民也因為活在部落裡，在族人互動交談的環境中，個個耳濡目染地也成為母語文化的傳播者。也因為部落裡母語的傳遞，原住民的文化才得以滋潤、豐富、創新，乃至於代代相傳。

　　其次，是文化的教育。原住民部落的教育，文化的保存與傳授是部落最大的貢獻之一。語言是文化的精華，也是文化的精神支柱，沒有語言，文化就沒有生命了。所以語言，不僅使文化有了原住民的生命，而且也不斷豐富又創造了原住民的文化，這就是美國現代學者保羅・田立克所說的：「語言是文化創造的基礎」之意義。因此，部落裡的語言文化教育，即是原住民文化創造的基礎。沒有原住民的語言，何有原住民的文化呢？語言、文化是原住民族群的識別證，失去了這些，就盡失了原住民的一切。就文化而言，台灣著名的國際神學家宋泉盛博士說：「人即文化也、文化即人也。」從這句話，我們可以說文化是原住民生活的形式，即

是生活智慧的表達，也是原住民精神意識的展現，失去了文
化，就形同喪失了原住民生活的智慧，也否認了原住民傳統
精神意識的活力。相對的，人是文化的本質，即是塑造原住
民身分及其特質者，文化的功能對原住民而言，既是讓原住
民成為原住民，亦是活出原住民樣式的工程，所以沒有原住
民的文化，就喪失做為原住民本質的身分。據此而言，部落
的文化教育，是活出原住民自己樣式的教育。

　　再其次，是對土地的生活教育。原住民的部落教育，
對生活所蟄居的土地視為有生命的機體，這是部落教育非常
特殊的理念。原住民的長者們不斷又重複的教育部落族人，
當敬畏土地如同孝敬父母，因為土地是原住民的母親，它如
同母親一樣為我們出產五穀，以及各種民生所需要的一切產
物，我們種什麼物種，土地就為我們出產什麼，如同聖經所
說「種豆得豆，種瓜得瓜」的意思。土地既然如此地為族人
「生產」五穀，那麼土地就如同母親一樣「生產」兒女，此
即原住民的土地觀。這就是為什麼台灣的原住民說：「土地
是我們的母親，也是我們的認同，我們是它生命的一部分，
它也是我們生命的一部分，沒有土地就沒有原住民」之意
義。原住民如此這般的「土心地情」，在部落教育裡，藉著
收穫節慶、豐年祭、小米祭，甚至於在宗教儀式中表達對土
地的歌頌與讚美。

　　再來一點，傳承原住民族的歷史是部落教育的重要使
命之一。部落本身的由來與形成，是原住民族歷史的過程因
素。因此，在部落裡有原住民豐富的歷史故事，在故事裡也

有原住民日積月累的經驗和人生的智慧。所以部落教育不厭
其煩地述說部落裡原住民種種的歷史故事，不但講得津津有
味而且說得如癡如醉。

　　因為，每當述說原住民的歷史故事時，就激起原住民心
靈的蕩漾，它使原住民的心靈深處找回生命的根源，豐富了
原住民的生命，鞏固了原住民的自我認同。這種孕育原住民
精神文化的歷史，由於在外來民族強權統治相繼的蓄意扭曲
與打壓下，日漸凋零破碎，原住民的歷史意識亦隨之模糊而
式微，起而代之的竟然是外來族群統治者的歷史沙文主義。
這樣的結果，使原住民在歷史的認同中迷失了自己，遺忘自
己歷史的家鄉，反倒熟悉侵略者所刻意編造的歷史文化。

　　總而言之，語言、文化、土地、歷史等等的部落教育，
無疑是形塑了原住民的身分，一旦原住民漠視了這些教育，
就形同自我放棄了原住民的身分。換句話說，部落教育的內
涵，乃在傳承原住民在台灣數千年來的生命力，活出原住民
自己生命的藝術和智慧，它讓原住民由物質文化滲透到心靈
層面的精神文化。

## （3）智慧財產權：部落神話故事的教育，展現原住民生命的智慧

　　在部落傳統精神文化教育裡，述說原住民自己所體驗的
故事，是極為熱絡而普遍的事。因為，無論是說故事的人、
或是聽故事的人，故事確實激發族人的想像力，思索著人類

的生命何以如此的無常，人類又如何面對生老病死及其天災
人禍的威脅。部落的人對於人類的命運與生命的掙扎，以故
事的情節與技巧來探索生命的意義。故事具有探索人類的奧
秘、宇宙的真理之功能，它沒有限制人類冒險犯難的欲望，
也沒有設限人類尋求宇宙真理的想像力，它向人完全開放，
以便讓人在故事裡充分的使用自由的思想，來展現生命的潛
力，促進人性的價值，提升生命的意義，謀求人類的福祉。
所以，原住民部落神話故事的教育，無論是大或小的生活故
事，乃展現原住民生命的智慧，也是原住民心靈的吶喊，以
及靈魂的呼喚。在部落的故事中，尤以射日的英雄故事極為
普遍地被傳述。在林建成所著的《頭目出巡》裡，記載泰雅
爾族的射日英雄之神話故事：

> 這是一段淒美的故事，遠古時候，大地突然同時出現
> 了兩個大太陽，把世界曬得炙熱乾旱、五穀焦灼、民
> 不聊生。在泰雅爾族聚居地區，族人用盡了一切方法
> 祈雨，均不得要領。長老們最後決議派一名強壯的勇
> 士去射下惡毒的太陽，勇士出發前身上還背了他的幼
> 子，然後領了頭目所給的柑橘種子，沿途播下做記
> 號。但是勇士耗盡一生，仍無法走到接近太陽的地
> 方，他只好將未盡之志交給已成長的孩子，繼續步上
> 征途。小勇士最後來到接近太陽的地方，拉弓射日，
> 終於射下了一個太陽，受創的太陽變成了今天的月
> 亮，大地也恢復了生機。

　　小勇士隨後沿著當年播下的橘子樹回家鄉，走了好長
的一段時間，直到髮鬢斑白了才走到部落，這時候族
人已經沒有人認識他了，只有年老的長者依稀記得這
件事。[18]

　　這是很有趣而富有深層寓意性質的一篇泰雅爾部落神
話故事，是部落教育極爲重要的素材之一，且展現了族人生
活的智慧。這個故事，很顯然地指出泰雅爾人正陷入一場不
尋常而又酷熱的「兩個太陽」之侵害。人們在一個太陽的東
昇西下，涵養出「日出而作，日落而息」之規律的生活。不
料，在天際中又出現另一個太陽，而且「其中一個比現在的
太陽還要大很多」，[19]使天氣非常酷熱，山川水流乾旱，
農作物枯竭，人民部落的生活突然受到嚴重的打擊，重創了
原住民生命的延續，這想必是部落生活空前的一場劫數。據
此而論，兩個太陽的神話故事，是泰雅爾昔日部落生活的寫
照，說故事者借用天際裡一個太陽的常態，說成兩個太陽而
形成非比尋常的現象，來述說人民因爲天際的亂象，影響到
部落生活的常態，外界兩個太陽的炙熱，擾亂了族人在部落
生活的秩序。

　　是的，一種來自外界不尋常的干預與介入部落的生活，
形成了原住民部落裡「兩個炙熱的太陽」的危機。這是一種

---

18　林建成著，《頭目出巡》（台北：晨星，1994），47。
19　參見李亦園等合著，《南澳的泰雅人》（台灣南港：中央研究院民族
　　學研究所，1997），231。

非常可怕的部落現象，那一種外來酷熱的太陽亂象，成為部落危機的亂源，而且是部落傳承與人民生命的危機。因此部落神話故事的教育，非常注意部落生活起居的突變，特別是外界炙熱勢力的入侵，造成部落傳統生態巨大的改變，也將會斷送部落的永續發展。因為那種外來勢力壓迫、衝擊所形成部落炙熱的「兩個太陽」，造成部落生命的乾旱，人民生命的枯竭、穀物財產枯死。所以部落的智慧老人，將部落人所遭遇到的危機實況故事化，用故事來表達部落人正面臨危機四伏的大劫數。從這樣的理解，足以駁斥那些將神話故事視為純屬虛構的層面，一點真實的意義都沒有之看法。實際上，兩個太陽的神話故事，在形式上是部落人心靈的吶喊，即以故事的形式表達他們的聲音；在本質上，是族人為了生存來對抗那些欲將部落置於毀滅、同化之各種炙熱的勢力。

　　所以兩個太陽的神話故事，對泰雅爾的原住民來說，未曾將之視為虛構的事件，乃是族人對抗那些外界來的壓迫勢力之真實的故事。被稱為神話之父的美國神話學家坎伯（Joseph Campbell）也認為：「把神話等同於虛構的故事，是一種最膚淺的看法。」[20] 的確，神話不是等於虛構的故事，台灣原住民也對於坎伯所說的最能夠感同身受，因為神話故事源自於原住民為了解決人們現實生活的困境而發自心靈世界的一種聲音，以抒解人們心理的恐懼，不屈服於天災和一

---

20　Joseph Campbell, *The Power of Myth* (edited by Betty Sue Flowers, New York: Doubleday, 1988), 9.

切外來強權勢力的壓制，激發部落人心做一個不屈不撓的勇士。這個神話故事，也是泰雅爾部落集體意識下的產物，它生產出泰雅爾人獨立自強、冒險犯難、不畏強權、堅強的族群自我認同的自尊外，也孕育出做為泰雅爾身分、群體意識、文化自主的部落精神意識。所以，神話故事是部落精神文化的母親，原住民的文化一旦失去了它，也就失去了文化的創造力，如同人沒有了生命就是死人一般，文化沒有神話故事，文化就沒有了生命。

上述的說明，有助於導正我們對神話故事的偏見與扭曲。我們必須對神話故事有正確的瞭解，才能發掘它對於人類生命的意義是多麼的重要。坎伯說得好：神話是真實的，是有關於生命智慧的故事。神話會教導你認識自己的生活，它是偉大而令人振奮的、豐富人類生命的主題。[21] 因此，兩個太陽的神話故事，非但不是原住民虛構或想像力的產品，而是原住民生命智慧的展現。正因如此，神話故事的深層意義對原住民是極為重要。

## （4）自治權：部落自決，是原住民自治區法源的依據

原住民部落的生活，是千百年來原住民在台灣生存的智慧結晶。它無疑是結合了自然的倫常、生態環境的體系，以及原住民生命的習性所構築的部落特質。就以部落的政治

---

21　Joseph Campbell, *The Power of Myth*, 6-7.

生態而言，雖然有酋長的世襲制度，但是絕不實施所謂的獨裁統治，人人不但享有獨立自主的居家生活，而且還能夠自由自在的活動在部落生活圈裡，只要不觸犯部落的Gaga（規律），幾乎一生就享有民主自由國家那種人權、自由、平等、尊嚴的生活。

　　這種的部落生活價值，一旦受到危機，部落的人們很快就凝聚成生命共同體，對抗任何外界的勢力來影響部落生活的價值，而這兩個太陽的神話故事的中心意義，也成為部落教育重要的內涵之一。故事中講到當部落受到炙熱的兩個太陽的威脅時，長老們召開部落會議共商對策。部落會議，是聚落人集體行動的決策者，並非由酋長一人獨斷行使，所以部落會議是部落政治權力最高的行政中心，也是凝聚原住民向心力與團結心的重要議會。原住民部落雖然沒有形成一個城邦制的部落聯盟，但部落之間的互動、聯繫、守望相助，都以部落會議的共同決定為依歸，也就是充分的尊重部落人共同的意願。

　　由上一段所說的，部落自決也是兩個太陽故事的主題之一。部落人最擔心的事，即失去部落的主體性，因為，一旦部落的自主性落入外界勢力的掌控下，傳統部落的價值體系將全被瓦解，部落的制度與結構亦將質變，導致原住民做部落主人的身分漸趨式微，甚至於主客易位。這不是說，原住民的部落不需要外來勢力的挑戰與良性的影響，來提升部落的內涵，而是說，那一個炙熱的勢力，不但影響部落正常的生活，而且也將失去了原住民部落的未來。是的，當一個部

落沒有自主權時，就喪失其自決權，自主、自決無疑是部落權的基礎，沒有這些，原住民部落特有的價值體系，就失去了它的生命力，部落的永續發展將告終止了。

　　故事中的部落會議，所凸顯的自主性與自決權之意涵，對今日原住民部落教育生活而言是何等的重要，不是嗎？今日原住民的部落生活豈不是如同故事所說的，遭到「酷熱的太陽」的侵害，不是嗎？什麼美其名之「山地平地化」的政策目標，放肆非原住民住進部落，開放觀光局與商人肆意的剝削原住民的自然景點，把原住民祖先活動的山林強迫劃定為國家公園，又把祖宗命名的智慧否定掉而迫使原住民改名換姓等等，這些都是原住民部落的「炙熱的太陽」，如同吼叫的獅子正在狼吞虎嚥地啃食原住民部落的血肉。

　　也許有人會說，這些都是為了改善原住民的生活品質，加速原住民部落的發展，提升部落的內涵。聽起來好像頭頭是道，其實骨子裡賣的是什麼膏藥，難以再蒙騙現代的原住民了。因為任何冒開發、改善、提升原住民部落之名的集團勢力，均非以原住民的利益為考量，充其量就是為了自己的好處、自己的利益而不擇手段地進行剝奪原住民的土地和山林，或通過統治的權力，實施同化原住民的政策，來瓦解部落的生命力，使部落喪失其自主性，原住民也因此失去了自決權。因此，今日的原住民正醞釀推動自治區時，部落自決的精神，應該是籌設原住民自治區法源的依據。

　　總而言之，營造原住民教育的機制，乃推動原住民自治區的一種運動，因為就先進國家的原住民之奮鬥經驗來說，

原住民自治區法的設立，不但符合原住民傳統特殊的生活方式，也保障了原住民自主性的部落生活，如此的原住民，在現代化的社會裡會很有尊嚴地發展其人性的價值，以貢獻人類生命的意義。

## （5）土地權：土地是「有生命的，是我們的母親」

關於「土地倫理」這個字眼，泰雅爾族稱爲：「gaga na rhzyal」，意爲土地的法則。族人認爲，土地是有生命的，如同人具有生命一樣。土地既然有如同人的生命，那麼土地就有它自身的生存體系，泰雅爾族人稱爲「q'nxan na rhzyal」。所以族人的土地倫理觀，是以土地擁有它自己的生存倫理（gaga na rhzyal），破壞了土地生存的自然法則，就如同殺害了土地的生命。

殺害了土地的生命，對泰雅爾族來說，是一個萬惡不赦的大罪。因爲他破壞了土地的生命，也如同毀壞了「上主的律法」（gaga na Utux）。其結果將會遭到天譴，諸如人到山上離奇失蹤，或被Utux抓走，遇難、受傷、被毒蛇咬死，嚴重者一旦土地發怒，天災、地變連年發生，使部落人民不聊生。所以天災、地變、乾旱，造成五穀欠收，民不聊生，皆被視爲上主在動怒（sm'ang utux）的象徵符號。因爲，人不能破壞土地的Gaga（法則），人也不能剝奪土地生存的Gaga（體系），人再怎麼樣與土地做天人之交戰，人總是土地的手下敗將。雖然人很傲慢地說，我宰制了土地；但是，人的

年歲不過是七、八十就往生了，土地還依然健在。所以，泰雅爾族有一個很流行的諺語：「mqyanux ta cinbwanan ga, nyux ta mlpyung rhzyal qani.」意思是說：「活在世上，我們只不過是這塊土地的客人。」

人不過是大地的「客人」，這樣的觀點，道盡了泰雅爾人對土地倫理的態度，也是族人世世代代非常重要的一種人生觀。人人都是土地的客人，即使是泰雅爾族的原住民，也是大地之母的客人。以「作客」而非以「主人」的身分自居，乃是對大地之母的敬重。這不像「土地公」那樣的民間宗教，把土地當作崇拜的神祇，而是對大地之母的無盡感恩。[22]

從這樣的理論，知道泰雅爾族的土地倫理，土地不但是有機體的生命，是神聖的，也是泰雅爾族傳統宗教的一個信念。所以尊重土地生命的體系，也成為宗教行為上必須力行的信仰。或許有人會認為，這種的土地倫理觀，純屬個人的窮思答辯，或是空穴來風而已。但從一個司馬庫斯的泰雅爾族耆老名叫Yukan，在2002年7月中，由內政部在鎮西堡國小舉辦的座談會中所說的話，可以得到證明。他說：「我們泰雅爾族人不會破壞山林的土地，因為土地如同我們的母親一樣，它有自己的生命，破壞土地，就如同殺害了我們母親的生命一樣。破壞山林的土地不是我們泰雅爾族人，而是林

---

22 布興·大立，〈返璞歸真──從1996年奧運會主題曲談原住民神學〉，《道》，第二卷第一期（1997年7-8月）：68。

務局、退輔會。過去我們眼睜睜的看到他們把一棵棵的山林砍伐、變賣，二、三十年後我們目睹到山崩地裂，甚至危害到我們生命財產的安全，我們不能再容忍了，只要看到有再砍伐山林的情事，我們將不惜封山，或是以非常的手段來阻止再度傷害我們的母親。我們誓言，不再讓我們的母親滿目瘡痍，也不再讓我們的母親哭泣。因為沒有母親，就沒有我們；沒有土地，我們就不能生存了。」

　　由土地倫理所產生的宗教信念，把「土地的倫理」（gaga na rhzyal）、「泰雅爾族倫理」（gaga na Tayal），和上帝的律法（gaga na Utux）很成功的結合在一起。彼此之間的Gaga，惟有相互尊重來對待，才能有互存互惠的至高倫理之境界。所以，台灣原住民的土地觀，也如同澳洲毛利族的原住民一樣——「土地是我們的母親。」[23]

## （6）傳統領域權：山林是我們的「弟兄姊妹」

　　在泰雅爾族人Gaga的文化中認為，既然「土地是有生命的，是我們的母親」，那麼由土地生長出來的山林、花草、樹木等植物類，又是什麼呢？在鎮西堡國小座談會中，Yukan說完了土地是有生命，是我們的母親時，鎮西堡一位耆老名Pasang又接著說：「林務局為了盜伐山林，還明目張

---

23　澳洲原住民所說的〈土地是我們的母親〉之文章，引自宋泉盛著《耶穌被釘十字架的人民》（台北：信福，1992），8-9。

膽地用推土機開闢道路，以方便長驅直入檜木林群，當我們
看了這樣的現象時，我們非常生氣，所以為了阻止他們繼續
砍伐山林，只好火燒了他們的推土機，並將另一部推向山
谷。我們為什麼這樣做，是因為我們無法再忍受他們濫砍山
林，豈不知山林、樹木、花草是我們的弟兄姊妹，砍伐檜木
群，就形同殺死了我們的弟兄姊妹。」

　　「砍伐檜木群，就形同殺死了我們的弟兄姊妹」，是
深深受了傷的心靈所發出的悲鳴之痛，也是求助無門所發出
的一種控訴。直到如今，林務局、退輔會不但置之不理，反
而以「作賊的喊捉賊」的姿態誣賴原住民是保育類、山林的
破壞者。Pasang的這一番話，道出了泰雅爾族人跟山林的關
係，是形同弟兄姊妹那種手足情深的親密關係。或許有人會
說：泰雅爾族人不也是開墾土地，砍伐山林的民族嗎？怎
麼可能如其Gaga文化中視山林為弟兄姊妹呢？如果那樣的
話，泰雅爾族人為了開墾砍伐山林，豈不是弒殺了自己的弟
兄姊妹嗎？要不然，其文化歸文化，生活歸生活，兩者是衝
突的，他們又如何自圓其說呢？

　　如果有人持有這樣的疑慮，是不足為奇的事；因為，他
們畢竟不懂得泰雅爾人的文化精神。為了開墾砍掉樹林是不
可避免的事，可是族人不是隨便開墾，也不是隨意砍伐山林
的民族。在泰雅爾族的文化習俗中，生活本來就是一種生命
禮俗的儀式，任何遷村、開墾，砍一棵大樹都有類似宗教的
儀式。藉著儀式與要被開墾的土地、被砍的樹靈對話，以取
得「地母」、「樹靈」的首肯，方能行之。若是「地母」、

「樹靈」不願被開墾、砍伐，就會藉著夢、做事不順利、受傷、或占卜鳥來示意。[24]

在泰雅爾族的傳統文化中，要開墾一塊地，必須要有開墾的儀式。這種開墾的儀式稱為「gaga na mnayang」，在這儀式中對「地母」說，我們不久會帶一群人到這裡開墾，這地非常的肥沃，適合我們開墾種植五穀，求你准許我們，好讓我們從你這裡五穀豐收，餵養你自己的兒女們。在開墾的前兩天，開墾者又必須到要開墾之處選一棵大樹做為代表，對「樹靈」說，我們已經選定這個地方做我們開墾的地方，明天到這裡要把你砍下，如果你不願意，就請在夢中指示我們。若沒有什麼惡夢，隔天就要到那棵樹說：「對不起，我們要把您砍下。」砍倒之後，仍要對樹靈說：「謝謝您。」

或許，有人會因為有這種的儀式就斷言：泰雅爾族的傳統宗教是屬於精靈崇拜的宗教。其實，不盡然如此，因為他們不懂得泰雅爾族Gaga中的文化，把土地視為如同他們的母親一般，即是道道地地的「地母」，山林是我們的弟兄姊妹，它們也有靈性，故稱之為「樹靈」（utux na qhuniq）。

然而，泰雅爾族人從來就不把它視為神明來祭拜，就好像母親不是神明，不能拜她。所以，台灣的人類學者斷言

---

24　泰雅爾人稱占卜鳥（報喜鳥）為siliq，族人對這鳥深信不疑，它是族人判別禍與福的占卜鳥。特別在狩獵期間，當siliq在你左右兩邊飛過，而且不停的吱吱叫時，是表示吉祥的徵兆，此行獵物將滿載而歸。如果siliq在你前面左右快速的呼嘯而過，意為不吉利的象徵，族人遇到這樣的情況時，無論是要做什麼事情，一定要及早全身而退，要不然災難就將臨。

說，泰雅爾族是精靈崇拜，或是祖先崇拜是錯誤的導向。因
為對祖靈所有的儀式，不是在祭拜他們，乃是思念他們，如
同在喝酒時，用手指頭沾酒往外滴，並對祖靈說：「跟我們
一起喝吧！」這表示雖然祖先已不在了，但是通過這樣的儀
式，還是能夠與祖靈一起分享，在靈裡團聚在一起。泰雅爾
族並非是泛靈崇拜、祖先崇拜的族群，大多數的原住民族亦
是如此。比如研究布農族社會與文化學有所精的田哲益也如
此認為：有許多的學者大都認為，原住民的原始宗教為泛靈
崇拜和精靈崇拜，然而，在布農族原始宗教的祭儀中，並沒
有把自然界的事物當作是其崇拜的對象，而是認為在自然
界中的每一樣事物都有其生命的意義，並在冥冥之中有一
位Dihanin（天神）在掌管著。[25] 所以，斷言原住民是泛靈崇
拜、祖先崇拜，也是未經證實的一個論點，而且也是漠視原
住民宗教文化的內涵。事實上，泰雅爾族Gaga的文化中，
是一個非常重視生命禮俗的民族，無論是個人和族人的生
命，或是土地、自然山林的生命都有其特殊的儀式。族人藉
著這種特殊又不同的儀式，表達泰雅爾族是一個生命力強，
又是很尊重土地、山林生命的一個民族。

　　泰雅爾族Gaga文化中之精神，即把土地視為我們的母
親，山林如同我們的弟兄姊妹來看待，從中讓泰雅爾族人延
發出對土地、山林的儀式，來媲美於阿美族的豐年祭活動之

---

25　田哲益著，《台灣古代布農族的社會與文化（上冊）》（南投：南投
　　縣立文化中心，1994），271。

慶典。通過這種的儀式，一方面重新凝聚族人自我族群的意識，昇華傳統宗教的內涵；另一方面，藉著這種的儀式，來教育台灣人對台灣土地的熱愛與自然山林的尊重。

　　總而言之，本文從「聯合國原住民族權利宣言」的宗旨與精神，去談台灣原住民族的人權時，原住民的民族與正名權、歷史與地位權、文化與教育權中的民族教育權、文化教育權、智慧財產權、自治權，以及土地權、傳統領域權等等之固有權，是原住民族應有的基本人權。這些是需要原住民族共同努力去爭取的人權，也是今日台灣統治者為落實「聯合國原住民族權利宣言」的宗旨與精神，而確確實實地還給台灣原住民族所需要的基本人權。落實這些原住民族的人權，可謂台灣最基本的人權，也是指標性的人權。因為，台灣的政府一旦沒有將這些人權還給原住民族，對原住民族來說，不但是侵犯原住民與生具有的人權，也在在顯示外來政權掠奪性的本色。所以，為了台灣族群的和諧與人權的國家，原住民族的人權，最需要去落實「聯合國原住民族權利宣言」。

拾壹

# 從台灣「原住民族日」的設置，談其意義與自治的遠景

　　台灣「原住民族日」的設置迄今，已有三年了。在這三年裡，一直是高度關心甚至於帶頭原住民族爭取權利與人權的台灣基督長老教會原住民族宣教委員會、玉山神學院的校友，不因為聲稱本土政權的民進黨執政，推動與原住民族「夥伴關係」、「原住民族憲法專章」等等具有劃時代的原住民族政策，而有所不為。相對的，台灣基督長老教會總會同工員工於2006年8月1日在總會事務所以「親職教育」來紀念台灣「原住民族日」；2007年的「原住民族日」，總會原宣委請排灣中會在內埔高級職業學校擴大舉行「原住民族正名紀念日」的感恩禮拜暨慶祝大會；今年（2008年），原宣又在玉山神學院這裡，舉辦「台灣原住民族日暨自治運動研討會」。總會原宣如此年年用心與動員原住民族教會來紀念台灣「原住民族日」，無非是要凝聚原住民族的意識，始終如一的推動原住民族自治的遠景，似有不達目的絕不終止的態勢。

　　原宣、玉山神學院的校友和原住民同工暨一些信徒，之所以有這樣的態度與堅持，不只是因爲本身就是原住民族的緣故，亦是爲了落實台灣基督長老教會信仰告白的精神，說：

> 我們信，教會是上帝子民的團契，蒙召來宣揚耶穌基督的拯救，做和解的使者，是普世的，且根植於本地，認同所有的住民，通過愛與受苦，而成爲盼望的記號。[1]

　　非長老教會的原住民「知青」爲了要占有過去原住民族社會運動的榮銜，蓄意的忽略長老教會原宣、玉山神學院的校友和原住民同工暨一些信徒，在社會運動「出錢出力」的貢獻。持平而言，在過去二十多年來的原住民族的社會運動，如果沒有長老教會的領導與參與，是推動不了的，倒是那些數落長老教會的貢獻者，不但是藍、綠執政的「牆頭草」，以獲得短暫的政治利益，當中更有些曾經被國民黨政權「導正」的原住民政治人物，不是嗎？另外，泛藍政治人物、學者，不但不了解這樣的信仰精神，還有意無意的誤導人說：「干預政治的偏激份子。」台灣基督長老教會的一些

---

1　台灣基督長老教會信仰告白於1985年4月11日通常年會中總會通過。徐信得、施瑞雲編，《總會社會關懷文獻（1971-1992）》（台南：人光出版社，1992），1。

原住民牧長、信徒，雖然如此的被數落、被污名化，但是並不因為這樣放棄了推動原住民族自治的遠景。相對的，從信仰告白的精神，來宣揚耶穌基督的拯救，而把原住民族的自治視為耶穌基督在今日原住民族處境中的拯救之一。換句話說，推動台灣原住民族日與自治，就是在宣揚耶穌基督的拯救之信仰的實踐。所以，本文以這樣的信仰立場，分享「從台灣原住民族日的設置，來談原住民族的自治」。

## 設置台灣「原住民族日」的由來

話說原住民紀念日，並不是憑空而來的，也不是政府主動為台灣原住民族設想而設置的紀念日，乃是由全球原住民族和台灣原住民族為生存而自我覺醒與自決的成果之一。換句話說，如果沒有世界各國原住民族的努力與奮鬥，台灣原住民很難會有今日所擁有的權利，即使是台灣原住民族孤軍奮鬥，也只會陷入孤掌難鳴的窮境與態勢之中。進一步地說，台灣原住民族生存的問題，正是全球原住民族同樣所遭遇的問題；全球原住民族人權的問體，不但是台灣原住民族的問題，也是世界人類的問題。也正是因為原住民族也是人類的族群之一，其民族權、生命尊嚴、人權，以及其生存權等，都應該受到保障。

## 1. 「原住民族日」：
## 全球原住民族覺醒與自決運動必然的結果

　　全球原住民族的覺醒與自決，與台灣原住民正名紀念日的設置，有因果上的關係。因為聯合國早在1957年6月5日藉由「國際勞工組織」第四十屆組織大會中，通過了「獨立國家內土著及其他部落與半部落人口之保護與融合公約」（Convention Concerning the Protection and Integration of Indigenous and Other Tribal and Semi-Tribal Populations in Independent Countries），簡稱「土著及部落人口公約」。[2] 該公約主要內容促請各國簽約的國家對其境內的原住民族，應盡法律力量予以保護其原有的完整性，不採用任何人工融合不當的政策與辦法使他們被同化。即是，宜用特別法或符合原住民自主式的措施以保護原住民的原有制度、身體、土地的各種權利，來促進並尊重其個人尊嚴與進取精神。這項公約儼然已成為世界各國原住民族政策的參考依據。

　　全球原住民就在這個公約的加持下，漸漸的覺悟到原住民族生存上的權利問題，是國際人權上的問題，原住民族也因而將在地（local）的問題，轉向全球（global）的問題。在這個轉變過程裡，世界最大的組織聯合國很自然地成為全球原

---

2　李亦園等人，《山地行政政策之研究與評估報告書》（台北：中央研究院民族研究所，1983），10-12。

住民族訴求，或是尋求國際法庭來為原住民族主持公道的一個重要的窗口。當然，具有原住民族身分的南美洲、亞洲、非洲境內的近三十餘位聯合國會員國代表，也一直是忠於原住民族而相挺到底。因此，全球原住民在聯合國原住民工作組從1982年開始所草擬的「原住民族權利宣言草案」，[3] 推動已有二十七年了，依然未被聯合國的人權委員會批准。所以，全球原住民團體代表於1994年7月28日在瑞士日內瓦開會，通過了「原住民權利公約」，並且經過四十個以上原住民團體批准後生效，變成了現有的原住民國際法。

事實上，由原住民所主導和決定的這項「原住民權利公約」，與聯合國所草擬的「原住民族權利宣言草案」的內容完全一樣。因為聯合國所做的原住民權利公約，不但有不少的原住民參與制定，而且都充分地尊重原住民主觀意願的訴求而草擬的。「原住民權利公約」的內容，即保障原住民的自治權、文化權、教育權、生存權、決策權、土地權、政治權的基本權利。從這項公約來檢視，台灣原住民正名紀念日的制定時間，不但嚴重的落後於國際社會的腳步，而且也並不是政府當局原住民政策的一項德政。換句話說，政府早就應該順應國際原住民全方位的政策大方向，來保障台灣原住民的各項權利才對。因為區區台灣原住民正名紀念日，是屬於「原住民族與台灣新政府建立新的夥伴關係」裡，七項

---

3 有關「聯合國原住民族權利宣言草案」的中譯全文，參見施正鋒、李安妮、朱方盈，《各國原住民人權指數之比較研究》（台北：行政院原住民族委員會，2005），189-201。

基本權利當中的一小項權利而已。雖然如此，台灣原住民正
名紀念日，就台灣的民族政治來說，是一項遲來的正義，也
是一項進步的政策。無論如何，台灣原住民正名紀念日的制
定，是受到國際「原住民權利公約」推波助瀾下的產物。

## 2. 許世楷率先提出的構想，
## 後由長老教會原宣與獨盟共同推動

　　一如眾所皆知，二十世紀末是台灣原住民族覺醒的高漲
期，從救援原住民雛妓起，到還我土地、反核與國家公園、
正名等等之社會運動，無不積極爭取自己做為台灣原住民族
應有的權利與尊嚴。是時，聯合國將1993年定為「國際原住
民年」，呼籲每一個國家重視並保障境內原住民的人權、生
存權、文化權、母語權、土地權、政治權之民族平等政策，
助長了原住民族由自覺轉向「原住民族自治」的自決權。在
這個過程中，首先提到國家應該制定「原住民族紀念日」
者，是當年甫由黑名單返回台灣而自願在玉山神學院擔任客
座教授的許世楷，即於1993年11月1日與鍾逸人、布興・大
立三人在討論台灣人「二二八事件」應定為國定日時，許教
授因為看過筆者所著作的《寧死不屈的原住民：霧社事件的
故事神學》，[4] 而語重心長地說，「原住民族的霧社事件更
應該定為『原住民紀念日』，那麼重要的抗暴事件，國家不
予以重視呢？偏偏非原住民族的事件，特別是『光復節』強
要台灣人來紀念？實在是不公平。」記得那個時候，我補了

一句話說：「不只是不公平，簡直是羞辱了台灣人吧！」

　　因此，在2000年台灣首次政黨輪替之便，於當年10月21日由長老教會原宣與獨盟共同推動舉辦的「霧社事件七十週年國際學術研討會」中，與會人士共同提出將10月27日的「霧社事件」定為國定假日，以紀念台灣原住民族追求民主、自由、平等維護人權的偉大精神。當時蒞臨研討會致詞的總統府秘書長游錫堃，不但贊同而且也允諾交給內政部研究其可能性。於是，內政部在2005年4月14日邀集相關部會、地方政府、以及各界代表研商「紀念日及節日實施條例草案」，在國家節日中考慮定出「原住民族紀念日」。雖然如此，要以霧社事件做為原住民紀念日的主意，各方意見不一，原住民族各族群的觀點亦是如此。所以，陳總統在考量最有原住民族意義的日子，應該是原住民族因「正名運動」的推動，促使國民大會在修憲時將「山胞」改為「原住民」的日子。因此，陳總統在2005年8月1日參加原住民族正名紀念日活動時，正式宣布每年的8月1日為「原住民族紀念日」。

---

4　這本書是筆者東南亞神學研究院的神學碩士的論文，許教授在閱完後鼓勵我一定要出版這書，因此在1995年出版。參見布興・大立，《寧死不屈的原住民：霧社事件的故事神學》（嘉義：信福出版社，1995）。

## 3. 何以「原住民族正名」
## 　做為「原住民族日」呢？

　　陳總統裁決以原住民族在憲法上的正名日做為原住民紀念日，對於這事筆者有不同的意見。原住民族的紀念日為什麼要由總統裁決呢？那麼重要的事，行政院原民會應該擴大舉辦原住民的意見，彙整決定以何事件或有意義的日子以之紀念後，再由總統宣布才是名正言順的做法。要不然，只是當時主事行政院原民會層峰少數人的決定而已，這樣不免讓人有拍馬屁的官僚作風之嫌外，亦陷前總統陳水扁先生於不義之中，不是嗎？因為，就南美洲原住民紀念日而言，是由下而上的方式，即由原住民族討論決定以哥倫布登陸日為原住民族的紀念日，來紀念該日子是原住民族被侵占、屠殺蒙難的日子。南美洲的政府如此讓原住民自己做出決定的做法，不是很有意義嗎？那樣，也豈不是完完全全的尊重原住民族的主觀意願嗎？尊重原住民自己的主觀意願與決定，儼然已成為時下先進國家制定原住民族政策的依據與方向。

　　筆者所要強調的是，台灣「原住民族正名」、「原住民族日」都是原住民所需要的政策，更是台灣原住民族要回尊嚴的努力之一。但是，為什麼「原住民族正名」會成為台灣「原住民族日」呢？為何不考慮其他的事件呢？是原民會在誘導前總統而決定的嗎？或是幾位已享有執政權力的原住民政治菁英與原民會共同決定的？這個過程，必然有其內幕，

是值得去研究的。但是，如果是原住民政治菁英與當時原民會主委共同主導，要以「原住民族正名」做爲台灣「原住民族日」的話，其動機令人可議了。因爲，從「原住民族日」的由來，知道那些原住民政治菁英，[5] 從未提出「原住民族日」的推動，卻在政府要設置「原住民族日」之際，偏偏要用「原住民族正名」，做爲「原住民族日」的紀念日。這樣的意圖，不免讓人質疑其動機，即將「原住民族日」與「原住民族正名」的功勞，榮耀歸於他們身上。

　　說了這些話，不是說，不可以用「原住民族正名」成功的8月1日，做爲「原住民族日」，筆者不但完全贊同，而且是很有意義的。筆者也很認同行政院原住民族委員會所說的「原住民族日」的意義：

　　　　原住民族正名運動激發出原住民族強烈之自我認同，也獲得社會各界關注原住民權益者的支持，1994年8月1日，總統令修正公布第三次憲法增修條文，終於回應原住民族十年來的訴求，將「原住民」入憲，也正式將戰後以來沿用四十餘年之「山胞」正名爲「原住民」。山胞的舊時代於焉結束，原住民的新時代

5　這裡所指的原住民政治菁英，是指原住民社會運動的領導者，不但有政治上既得利益的意圖，也遊走在藍綠政權兩方的「牆頭草」，而且曾經是被「一黨專政」時期導正過的政治菁英。不像尤哈尼前主委與台灣本土政權始終如一的共同努力。2000年10月21日在台灣大學法學院國際演講廳籌辦「霧社事件七十週年國際學術研討會」與「推動原住民族日」的經費，是在他任主委時，由行政院原民會全額補助的。

就此展開。其後並於1997年第四次修憲時確立原住民「民族」屬性而擁有「集體權」概念的「原住民族」稱呼。[6]

　　然而，主導並決定「原住民族日」的行政院原民會，沒有善用「原住民族日」的設置，去凝聚原住民族的共識，也沒有充分利用行政體系向原住民好好的說明，以至於到現在只有少數的原住民知道有「原住民族日」的紀念。這也難怪，民進黨政府為原住民的政策，做了很多，是國民黨政權過去做不到的事，但是還是感動不了原住民的心。這是當時行政院原民會的政務官員要負最大的責任，不是嗎？現在又再次的政黨輪替，今年的「原住民族日」，行政院原民會也沒有任何相關的活動來紀念，實在令人不勝唏噓！

## 為什麼要推動台灣「原住民日」？

　　從「原住民正名紀念日」的由來可以知道，台灣原住民的紀念日不是原住民社運團體所推動，因為就原住民社會運動所訴求的議題和內容，並沒有一次提到相關原住民族的「紀念日」之設置和爭取。雖然如此，「原住民族正名」，確實是台灣原住民族社會運動的主軸之一。換句話說，有「原住民族正名」運動成果在先，才有「原住民紀念日」設

---

6　http:// boaa.nantou.gov.tw/960807IndigenousDay.doc

置在後。兩者合併在一起，「原住民正名紀念日」就因此誕生了。這樣，過去原住民族不可能達成的任務，如今終於成爲事實了。所以，台灣原住民族一切的權利，只要不放棄爭取，機會總是有待原住民自己去創造的，原住民族的未來，也需要原住民自己奮發圖強去開創。

至於，推動「原住民紀念日」的原因，在於國家紀念日的設置，在2005年前都沒有一個原住民的「紀念日」。舉凡所有的「紀念日及節日實施辦法」的第二條，都是統治者，以及漢人的紀念日，沒有一項專爲眞正台灣原來主人的原住民族而設置的紀念日。這不但是非常不公平、不公義的事，而且也是非常蓄意的漠視和羞辱台灣的原住民族的尊嚴。單看「紀念日及節日實施辦法」的第二條，就讓人不勝唏噓了。紀念日如下：

一、中華民國開國紀念日：一月一日。

二、和平紀念日：二月二十八日。

三、反侵略日：三月十四日。

四、革命先烈紀念日：三月二十九日。

五、佛陀誕辰紀念日：農曆四月八日。

六、孔子誕辰紀念日：九月二十八日。

七、國慶日：十月十日。

八、先總統蔣公誕辰紀念日：十月三十一日。

九、國父誕辰紀念日：十一月十二日。

十、行憲紀念日：十二月二十五日。

國父逝世紀念日在三月十二日植樹節舉行；先總統蔣
公逝世紀念日在民族掃墓節舉行。[7]

就因為沒有台灣原住民族的「紀念日」，所以許世楷、
施正鋒、布興・大立等人商議要於2000年10月21日在台灣大
學法學院國際演講廳籌辦「霧社事件七十週年國際學術研討
會」，[8]當時結合台灣基督長老教會總幹事羅榮光、許松幹
事、總會議長雅福・夏德，動員原住民參與，並且得到行政
院原民會尤哈尼主委全力的支持下，不但場面盛大而座無虛
席，也在會議結束前一致決議向政府提出將十月二十七日制
訂為「霧社事件」國定紀念日之提案。提案的內容如下：

> 霧社事件，是台灣中部分布於南投縣霧社與盧山間濁
> 水溪兩岸的Sediq族原住民抵抗日本殖民地統治的抗
> 暴起義，是日本統治台灣期間最後一次激烈的台灣人
> 直接行動。原因於日本帝國主義的殖民地差別統治，
> 近因是日本警察對原住民的壓制，強派原住民搬運木
> 材與建當局設備，又苛扣工錢；侮辱原住民婦女，
> 甚至騙婚以利其警察統治；羞辱如Mahebo社頭目Mona

---

7　參見「紀念日及節日實施辦法」。

8　2000年10月21日在台灣大學法學院國際演講廳籌辦「霧社事件七十週
　年國際學術研討會」演講、討論的內容，都已出版。參見Yabu Syat、
　許世楷、施正鋒主編，《霧社事件：台灣人的集體記憶》（台北：前
　衛出版社，2001年）。

Rudao父子等原住民精英等。

一九三○年十月二十七日早晨，約三百名Sediq族原住民，攻入日本當局正在霧社公學校舉辦的聯合運動會會場，以及各地日本人設備，殺死一百三十二名日本人，誤殺兩名穿著和服的漢人。日本當局動員警察、軍隊，歷時兩個多月，甚至使用飛機施放毒瓦斯等，才得鎮壓。

在該事件中，起義的原住民充分表現出，雖然在強大的日本帝國主義勢力壓制下，為了要保持做為一個人的尊嚴，可以不惜一切而反抗，「無自由、毋寧死」的偉大精神。日本當局在該事件中也表現出，鴨霸殘酷的人類黑暗罪惡的一面。

事過境遷，七十年後的今天，原住民、漢人、日本人都有學者在這裡對該事件提出學術報告，根據史實，贊賞及貶估該事件偉大、黑暗的兩面，以增加人類共有的知識資產。

新政府一開始就強調民主的普世價值，以及提倡人權的尊重。霧社事件的抵抗正是台灣人追求民主、自由、平等，維護人權的偉大精神表現。

鑑於此事件在台灣史上的重要性，鑑於整年將近二十個的節日、紀念品中直接與台灣有關係者，只有紀念二二八事件的和平紀念日和所謂的光復節；更為了要將這一事件銘刻在台灣人的集體記憶中，確實儲藏在人類反鴨霸的共同無形資產中，我們一致向政府提案

將十月二十七日制訂為「霧社事件」國定紀念日。

二○○○年十月二十一日

提案發起人：雅福夏德、童春發、高萬金、石麗玉、林茂
德、陳約翰、顏約翰、張正勇、呂張才、張進才、林海
峰、林賢豐、高天惠、涂美惠、林春輝、郭錦明、翁定
國、陳克理、高順益、拿難達道、黃梅惠、溫光亮、全建
生、馬成貴、趙文彬、布卡、麥天財、戴明雄、溫初光、
石明雄、林生安、陳克安、許松、高俊明、羅榮光、駱維
道、鄭兒玉、曹永和、吳密察、黃昭堂、施正鋒、許世
楷、林柏東、廖瑞銘、邱若山、陳宇嘉、薛順雄、張文
正、張啟中[9]

　　由這些提案內容，與會的人非常肯定霧社事件的抵抗正
是台灣原住民追求民主、自由、平等、公義，以及維護人權
的偉大精神表現，也是台灣原住民族反壓迫爭尊嚴的普世價
值。所以，當時蒞臨研討會的總統府秘書長游錫堃致詞說，
霧社事件是原住民為了維護做為人的基本尊嚴而戰的事件，
也是做為台灣人的偉大精神之一，有助於厚植台灣邁向主權
獨立的國家之基礎。此即推動「原住民日」的原因。

---

9　Yabu Syat、許世楷、施正鋒主編，《霧社事件：台灣人的集體記憶》
　　（台北：前衛出版社，2001年），247-249。

## 台灣「原住民正名紀念日」的意義

就「原住民正名紀念日」的由來而言，固然陳總統所宣示的「正名運動」定為原住民族紀念日具有創新的意義，但它背後所呈現的深層意義，尤為重要。因為，原住民在台灣為了爭取民族身分的平等權利，而不願意成為外來政權統治下的族群滅絕，進而展現出我們是台灣民族的「原住民」之堅強意志力，拒絕接受統治者所賦予而帶有污名化又歧視的「山胞」稱謂，誓言要以各族群所達成共識的「原住民族」身分之稱。

就此意義來講，在於原住民族從長期被統治的同化、漢化之「族群滅絕」政策中覺醒起來，民族生命的永續發展要靠自己的奮鬥與爭取，才能走向自我做主的民族自決權。因此，原住民族不再是沉默的羔羊任人擺佈，只紀念中華民國開國紀念日、和平紀念日、革命先烈紀念日、孔子誕辰紀念日、國慶日、先總統蔣公誕辰紀念日、國父誕辰紀念日、行憲紀念日、國父逝世紀念日；更不是沒有主見的無俚頭，而是要用自己的方式強烈提出在國家紀念日裡，當有屬於原住民族自己的紀念日，讓族群的生命力繼續被宣揚生存下去，對未來充滿信心、充滿盼望，而不只是紀念漢系民族春節、民族掃墓節、端午節、中秋節、農曆除夕等等不平等的民俗節日的待遇。台灣原住民族這樣努力尋求族群平等的奮鬥，不但是符合憲法的精神，也是人類普世無上的價值，更是

基督教信仰中上帝創造人類生而平等的人權和人性尊嚴的真理。[10]

　　因此，今天當我們在紀念台灣「原住民正名紀念日」時，除了當重視台灣「原住民正名紀念日」的由來，以及明白推動「原住民日」的原因外，亦當從「原住民族正名」的角度與立場去探究其深層的意義。畢竟，「原住民的正名」是原住民族社會運動的重要主題之一。就如前述所言，沒有過去「原住民族正名」的社會運動，就沒有今天的「原住民正名紀念日」了。既然如此，究竟台灣「原住民正名紀念日」對今日原住民族有什麼意義呢？

## /.唾棄被歧視又污名化的名稱

　　8月1日是國家訂定的台灣「原住民日」。當天多數的台灣人不知道是「原住民日」，或許由於原住民族在台灣是屬弱勢族群，使得這個節日未能獲取社會大眾的共鳴。不說台灣社會對這個日子的陌生，就算是我們台灣基督長老教會的信徒，恐怕也和社會大眾一樣。然而，值得慶幸的是，台灣基督長老教會最高單位總會，不但沒有忘記「原住民日」，同時還費盡心思將總會佈置成「原住民風」，因為他們看重原住民這個重要的節日。他們如此用心，乃是表達總會對原

---

10　有關台灣「原住民日」的意義，筆者也在《玉神之音》的頭版有發表過，詳見《玉神之音》（第163期，2006年7月31日）。

住民一貫的立場和關懷。他們的所作所爲，是在實踐聖經中「跟喜樂的人同喜樂，跟哭泣的人同哭泣」的信仰眞理。[11]當我們紀念「原住民日」時，試問，我們知道這個紀念日的由來嗎？我們爲什麼要紀念這個節日？這個節日對台灣有什麼意義？

綜觀二十世紀末台灣經歷原住民族覺醒的高漲期，從救援原住民雛妓起，到還我土地、反核與國家公園、正名……等社會運動，台灣原住民族無不積極爭取自己應有的尊嚴與權利。是時，聯合國1993年訂定「國際原住民年」，呼籲每一個國家重視並保障境內原住民的人權、生存權、文化權、母語權、土地權、政治權之民族平等政策，助長了原住民族由「自覺」轉向「原住民族自治」。在這個過程中，首先提到國家應該制定「原住民族紀念日」者，是當年甫由黑名單返回台灣，而自願在玉山神學院擔任客座教授的許世楷，1993年11月1日許教授與鍾逸人、布興・大立討論台灣「二二八事件」應定爲國定日時，語重心長地說：「原住民族的霧社事件更應該定爲原住民族紀念日。」

此後，藉台灣首次政黨輪替之便，於2000年10月21日舉辦「霧社事件七十週年國際學術研討會」中，與會人士共同提出將10月27日的「霧社事件」定爲國定假日，以紀念台灣原住民族追求民主、自由、平等維護人權的偉大精神。當時蒞臨研討會致詞的總統府秘書長游錫堃，不但贊同而且也允

---

11　羅馬書12：15。

諾交給內政部研究其可能性。於是，內政部在2005年4月14日邀集相關部會、地方政府、以及各界代表研商「紀念日及節日實施條例草案」，在國家節日中考慮訂定「原住民族紀念日」。雖然如此，要以霧社事件做為原住民族紀念日，各方意見不一，原住民各族群的觀點亦是如此。所以，陳總統在考量最有原住民族意義的日子，應該是原住民族因「正名運動」的推行，促使國民大會在修憲時將「山胞」改為「原住民」的日子。因此，陳總統在2005年8月1日參加原住民族正名紀念日活動時，正式宣布每年的8月1日為「原住民族紀念日」。

就「原住民日」的由來而言，是以陳總統所宣示的「原住民族正名運動」紀念日為原住民日，固然具有創新的意義，但它背後所呈現的深層意義，尤為重要。因為原住民在台灣為了爭取民族身分的平等權利，而不願意成為外來政權統治下日漸消失的黃昏民族，進而展現出我們是台灣「原住民」之堅強意志，拒絕接受統治者所賦予並帶有歧視又污名化的「山胞」稱謂，誓言爭取各族群所達成共識的「原住民族」身分之稱。就此意義而言，宣示原住民族已從長期被統治者同化、漢化之「族群滅絕」政策中覺醒。

民族生命的永續發展需要所有族人的奮鬥與努力，才能真正走向自主、自決，乃至於自治的社會。因此，原住民族不再是沉默的羔羊任人擺佈，只紀念中華民國開國紀念日、和平紀念日、國父逝世紀念日、革命先烈紀念日、孔子誕辰紀念日、國慶日、行憲紀念日、先總統蔣公誕辰紀念日、國

父誕辰紀念日；更不是沒有主見的傀儡，而是要發出自己的聲音，在國家紀念日裡，爭取屬於原住民族的紀念日，使原住民族對未來充滿信心、充滿盼望，讓族群的生命力得以延續，不再只是紀念漢系民族的農曆除夕、春節、民族掃墓節、端午節、中秋節等民俗節日。台灣原住民族爲尋求族群平等的奮鬥精神，不但符合憲法的精神，也是人類普世無上的價值，更是基督教信仰中上帝創造人類生而平等，賦予人權和人性尊嚴的真理。

## 2.原住民族的正名，
## 是要回原住民族具有的尊嚴

　　無庸置疑的，「原住民」這個名稱是站在原住民的立場。從台灣歷史的角度來看原住民族群，自從漢人移民來台，以及歷代殖民帝國的統治下，對於原住民的名稱無不站在漢人中心主義與統治者的立場，因而創造了不少具有污辱、汙衊原住民色彩的名稱。舉凡早期的野蠻民族、出草者，日據時代的蕃族、生蕃、熟蕃、味方蕃，國民黨的山胞、先住民、早住民……等等的名稱，無不站在非原住民外來民族的立場，而且皆以侵略者的優越感心態爲原住民命名。原住民長期以來被愚民化與同化的壓迫下，未曾予以糾正，就這樣，三百年來默默地承受了帶有歧視原住民人性的污名。在這方面有深入研究的謝世忠，有如下的見解：

我們可以瞭解到在許多不同的情境（situation）中，原
住民們都有著嚴重的自卑感，進而試圖拋棄自己的原
有認同。而這些情境也都是發生在與漢人的接觸過程
上。換句話說，「文化接觸」或「族群接觸」是使原
住民認同本質產生變動的關鍵要素。[12]

再說何時有過尊重原住民族群的名稱？連具有傳統文
化的「父子連名」，以及母性社會的取名，不但被剝奪，還
規定具有歧視原住民的條例，依據行政院1946年5月6日核定
的「修正台灣省人民回復原有姓名辦法」第三條規定：「申
請回復原有姓名，應依原有戶籍籍冊，或其他有力之證明
為準，但高山族，如無原有姓名，或原有姓名不妥善時，應
參照中國姓名自訂姓名。」[13] 難道原住民沒有自己的姓名
嗎？為什麼原住民規定要用中國之姓名？無庸質疑，其背後
隱藏著否認原住民曾是台灣最初的主人，進而同化與族群滅
亡的雙層政策，導致原住民有種族滅絕的危機。倒是台灣人
口僅有七、八百的邊疆民族，不但不納稅，還百般地尊重他
們的姓名，而且以法律來保障其身分與權益，這種厚此薄彼
的政策，早已為原住民所不平。

---

12　謝世忠，《認同的污名：台灣原住民的族群變遷》（台北：自立晚報
　　社，1987），34。
13　參見行政院1946年5月6日核定的「修正台灣省人民回復原有姓名辦
　　法」第三條規定。

　　命名本來就是父母親的權利，爲什麼單單原住民需要預設使用中國的姓名呢？原住民族群的命名爲什麼一定要由國民黨中央的裁示後又要用憲法來保障其命名的權威性呢？這就說明了執政黨侵台壟斷了政治、經濟一切的利益，連原住民族的命名也要剝奪，這是什麼政權？因爲國民黨政權在五十年的「大中國」教育下，對台灣人民予取予求的「吃夠夠」，如同王育德在他「狗去豬來」一文裡，這樣說：「台灣人鄙視日本人，罵他們是『狗』。狗雖然會叫，也會看門。中國人是『豬』。豬只會吃，一無可取。」[14]

　　的確，被他稱爲「豬」的國民黨政權，在它掌權的五十年裡，不但吃盡了台灣產業、商業資本、經濟資本、土地效益一切的權利，以鞏固其獨裁的統治權立，又利用各種教育、傳播媒體不斷的打壓台灣的母語文化，以鼓吹華語爲台灣唯一的語言，[15] 連原住民族的命名也要剝奪。這在極權的國家裡也是很少有的事，連中國都尊重其境內原住民的命名，如六四學運領袖之一的吾爾開希，就是維吾爾族的名稱。

　　爲此，台灣原住民的族群，近十年來已經覺悟到命名的權利，應該站在原住民的立場，任何政黨、或是任何民族，都無權決定原住民族群的命名。誰爲原住民命名，誰就是原

---

14　王育德，《台灣：苦悶的歷史》（台北：自立晚報社文化出版部，1994），157。

15　宋澤萊，《台灣人的自我追尋》（台北：前衛出版社，1988），60。

住民歷史文化的罪人，只有原住民本身才有資格決定自己的
名稱，也只有原住民的命名，才會站在自己的立場。因此，
以原住民之名稱，來廢除具有分化、醜化原住民的「山胞」
的名稱，就是原住民近年來的努力與奮鬥，也是原住民族的
正名，是要回原住民族具有的尊嚴。

## 3.「原住民」的名稱是原住民族群首次的共識

　　其次，「原住民」的名稱是台灣原住民族群有史以來
頭一次所達成的一種共識。目前原住民還存留十三族，有
四十六萬多的人口，過去因為被迫散居山區而各自盤據一
方，因部族之間散居的分布地域遼闊，難於互相來往。就因
為這樣為歷史殖民帝國易於分化後而再統治原住民；也因為
如此，原住民族群的命運共同體未曾有過形成氣候，難怪原
住民的山頭主義偏多，最遺憾的是這些人也因為既得的利
益，成為統治者的共犯結構而剝削原住民、出賣原住民的權
益，這些人就是原住民的「半山人」。[16]

　　事實上，原住民所面對的壓迫，即是統治者的分化與
同化，漢人優勢文化的歧視，以及唯利是圖的原住民「半山
人」，使得原住民的委屈投訴無門，自立救濟的訴求不僅被
淡化，而且還被百般地恐嚇、扭曲，因而未能獲得原住民普

---

16　有關「半山人」進一步的了解，參見布興・大立，《寧死不屈的原住
　　民：霧社事件的故事神學》（嘉義：信福出版社，1995），36。

遍的共鳴。唯一可取的一點，就是對原住民名稱的認同，是近年來逐漸認同本身文化及覺醒自身權利所凝聚而成的首次共識，對原住民來說實在太珍貴了。可是國民黨中央竟然懼怕原住民所達成的共識，而一味地阻撓來勢洶洶的正名意願，更離譜的是視原住民的名稱將會導致陷入國家認同的問題，因為若以原住民稱之，那麼該憲法可能成為原住民憲法，就沒有中國的代表性，國民黨就會被兩岸架空，因為對岸地區的原住民是屬於漢人的。

所以，原住民正名的奮鬥，歪打正著了國民黨中央的心腹，因此正名的權利必定會剝奪到底，不論如何絕不會讓原住民如願以償。對於過去原住民的國代、以及省議員的努力，我們為你們加油！但面對黨中央利害關係時，最後必會犧牲原住民的吶喊，終將回歸其「義父」的胸膛中，不信的話，拭目以待吧！

事實上，原住民沒有所謂國家認同的問題，那是國民黨刻意製造而自食其果的問題，因為原住民所認同的就是原住民本身，是台灣的原住民，怎麼能夠強人所難隨便去認同非生長之地，又無任何血緣關係與情感的異族呢？如果有誠意的話就認同原住民吧！只有這樣才不會陷入認同的問題，而且百益又無害的。

對於李登輝總統召見原住民國代所說的正名的問題不要急，等到大家有所共識之後再考慮，當前原住民最重要的就是文化、生活、教育的問題。他在文化會議也說：「要把族群的名稱改過來是很容易的，但這樣做似乎不能解決根本的

問題，希望大家多往實質的方面來思考。」[17]的確，原住民文化的破產、生活的困境、教育的低落正是原住民當前的問題，但是造成這些問題的原因，在於憲法上不但沒有站在原住民立場的正名，連身分也沒有法律上的地位。原住民當今社會所呈現的諸問題，如果沒有在憲法上制定出對原住民平等互惠的條例與保障，遑論有治標的途徑，因此尊重原住民正名的權利，制定出原住民在憲法上的地位與身分，比起過去李總統所說的退休後要到原住民地區傳道更重要。

## 4. 台灣基督長老教會率先尊重原住民正名的意願

再其次，「原住民」名稱的使用也是經由台灣基督長老教會總會通常年會所決定的。原住民對正名權利的爭取，在長老教會總會裡被充分表達其意願，因為過去在組織章程裡，長老教會一直延用官方的用字，稱原住民為山胞，即原宣之前的稱謂就是「山地宣教委員會」（簡稱：原宣）。自總會成立後，長老教會也不經心留意地使用歧視原住民的字眼，雖然平地教會無心如此，但在政治語言的駕馭下，也淪為歧視原住民的稱謂，聖經說：「我實在告訴你們，這些事你們既不做在我這弟兄中一個最小的身上，就是不做在我身

---

17　參見李登輝在原住民文化會議的致詞，〈總統李登輝致辭〉，《原住民文化會議：論文集》（行政院文化建設委員會編，台北：文建會，1994），1。

上了。」（太26：45）原住民教會近四十年來也承受了這樣污名的稱呼，無可否認地在某種場合裡，竟然有時還會聽到平地牧師以蕃人稱之，其實我們不會生氣、也不會責怪，只是很遺憾地在總會裡，仍然存在著歧視原住民的大沙文主義。

　　然而，由於原住民教會從被歧視的污名下覺醒起來，認爲教會不應該有弱肉強食的存在，也不應該使用具有扭曲原住民人性尊嚴的政治語言，加深對原住民的汙衊。因此經由原宣的整合，在一九八九年三月的總會裡，通過了山胞改爲原住民的名稱，如此充分地顯示長老教會重視原住民的意願。經總會決議後，使原住民在教界互動的往來，以及任何場所皆坦然地使用此正名，也因此加強了原住民在傳播媒體與學術界中結合成共識，進而向執政黨要求還給原住民的正名。

　　所以，原住民的正名既不是長老教會所賜的，也不是民進黨所給的，而是原住民本身的共識與努力的結果，執政黨不應該懼怕正名的訴求，應該順應民意採用原住民的正名。事實上，國民黨心有所懼，怕人民的心聲與力量，特別對長老教會從一九七一年後所發表的三個宣言仍心存餘悸，原住民的正名經長老教會的尊重與採用，必然有所顧忌，因此若改名，必定是與長老教會有所不同，這就是爲什麼舊政府在原住民正名上，如同孫悟空「變則通」的法術之原因，由山胞變成先住民，再變成早住民，最後又變成少數民族，眞是荒唐。

　　概言而之，基於上述三點，我們堅決使用原住民的正

名，這是我們的共識，也是我們的意願，執政黨無權替我們決定，命名的權利在原住民本身，任何人、任何政黨當不能剝奪命名的權利。

## 5. 強化原住民族認同的意識[18]

在台灣人的認同上，原住民正名上的自我認同，是首當被保障、被肯定的一個事實。原住民族群生命的延續，與自我身分的認同，是一體兩面的事，沒有族群的生命，就沒有身分的認同，有生命的存在，就有生命的認同。這雖然是非常哲理的說詞，卻是一個很實際而又嚴肅的問題。

這如何說起呢？原來原住民非常認同自己的民族，生命力強，對自己的生存很有自信，今天之所以還有原住民族，與其強烈的族群認同，不無關係。及至，當外來的統治者佔據台灣時，不易被制服。在日本統治台灣時期，就想到一種方法，來削弱原住民的族群認同，那就是懷柔政策中的一個改名換姓，只要把原住民的姓名一律冠上日本的姓名，也就很成功的制伏台灣的原住民了。因為，姓名是一個人的身分與認同的象徵符號，也是人類族群文化的傳承之一。

事實上，對原住民的改名換姓，是否認原住民的身分，

---

18 這部分引自布興・大立，〈台灣原住民族的生命的認同〉一文當中的一小點，本篇是在台灣憲政研討會中的講稿。詳見布興・大立，《原住民的台灣認同》（嘉義：信福出版社，1999），172-173。

削弱原住民自我認同的野蠻手段，依據國民政府行政院在
1946年5月6日核定的「修正台灣省人民回復原有姓名辦法」
第三條規定：「申請回復原有姓名，應依原有戶籍籍冊，或
其他有力之證明為準，但高山族，如無原有姓名，或原有
姓名不妥善者時，應參照中國姓名自訂姓名。」在這條規
定裡，已經明文否認原住民的正名為「如無原有姓名（指漢
人），或原有姓名不妥善時」，均須冠上中國的姓名。難道
原住民沒有自己的正名嗎？為什麼要規定用中國的姓名呢？
毫無疑問的，是要否認原住民身分的自我認同，進而達成同
化原住民為中國人的政治目的。

　　所以，顯而易見的，原住民正名所帶來強而有力的族群
生命的認同，是尋回原住民族群尊嚴的途徑，也是原住民解
構中華民國統治權威的一種利器。換句話說，當原住民認同
自己是台灣原住民的同時，實際上已經否認原住民就是「中
國人」的統治神話，畢竟台灣原住民，包括認同台灣的所有
住民，從來就不是中國人。概言而之，基於上述五點，我
們堅決使用原住民的正名，這是我們的共識，也是我們的意
願，執政黨無權替我們決定，命名的權利在原住民本身，任
何人、任何政黨當不能剝奪命名的權利。


## 台灣原住民族自治可能嗎？

　　以「阿扁『新夥伴關係』政治主張的內涵與實踐」為
題，進行研討會，無非是要在漢人所主導的「憲法」夾縫

中，尋求原住民族「自我做主」的機制。雖然，這是原住民族在現實政治體制中無奈又不公平的機制，即是原住民族自我做主的機制，需要經由非原住民族去認可，甚至於決定。但是在現實的國家體制中，如果我們沒有凝聚原住民族生存機制的共識，也沒有說出原住民自我做主的機制，而任由漢人強勢的國會去決定原住民族的生存機制，那麼只會讓原住民任人擺佈、宰割，而步入平埔族「亡族」的後塵。所以，原住民族當說出自己生存方式的意願，講出自己族群永續發展的需求，做出原住民族該有的自我做主之行動，這樣原住民族才有可能由現實危機中，轉機成有盼望的民族。問題是原住民族自治自我做主的機制是什麼？台灣原住民族自治可能嗎？

## 1. 原住民族由覺醒到自決

　　原住民族二十多年來的社會運動，都在喚醒原住民同胞們當覺醒，自己的權利要自己去爭取，沒有覺醒的民族就形同放棄民族的尊嚴和生存的權利。所以在「一黨專制」威權統治下，原住民族的社會運動啓動了一連串的原住民族覺醒的行動。這些社會運動，即是還我土地、反國家公園、反核能廢料儲置場、原住民的正名、在中央設置部會層級的「原住民族群部」、原住民族的身分法等等的權益。這些原住民族的權利與訴求，在現在的憲政體制下雖然有些改進，但依然未能達到原住民族自我做主的遠景。因此，原住民族的社

會運動，當持續推動，即使是有些原住民過去從事社會運動，已由體制外轉向參與體制內的改造，但是在漢人政黨政治「非藍即綠」的分化下，仍然走不出被宰制的瓶頸。

　　原住民族覺醒的運動，當在原住民族能有充分的自決下，才能享有自我當家做主的機制。換句話說，民族的覺醒，賦予民族的自決，這不但在國際法上是普世的價值，在人權法上也是受到保障的。所以，台灣原住民族自我做主的機制，要以原住民族是否充分享有民族自決的機制，來檢驗其政治參與、人權保障的尺碼。對台灣原住民族來說，沒有原住民族自決機制的憲法，不過是外來的專制政權，是假藉國家的公權力之便，進行剝奪原住民固有自決的機制，侵害原住民族自我做主生存之道。所以原住民族，當意識到「自我的覺醒到自決」，不但是做為台灣原住民族的應有權利，更是原住民族必然要奮鬥的方向，不達目的絕不罷休。與其說「不自由，毋寧死」，倒不如說「不自決，毋寧死」之社會運動最高情操的精神。

## 2. 原住民族自主性自治的機制

　　當原住民族有這樣的覺醒與自決時，他必能深深地感受到原住民「自我做主」的可貴性，在於原住民族永續發展是每一個原住民與生俱來的使命。不負起此使命者，將逐漸喪失原住民的意識，其結果終將導致滅族的危機。為此，原住民要認清自我做主的內涵與機制是什麼？

　　首先是談做為「人」基本的權利。原住民族當知道，原住民在台灣誠如杜正勝教育部長所說的「至少有五、六千年以上的歷史」，自有我們的祖先到現在，我們原住民一切奮鬥基本的需求，在於維護做為「人」基本的權利。這由原住民族群自稱上的文化意涵，可為佐證。舉凡泰雅爾、阿美、排灣、布農、太魯閣、賽夏、魯凱、比努悠瑪雅呢、噶瑪蘭、鄒、達悟、邵、賽德克等族群，其自稱的原意為「真正的人」、「人」的意思。在這樣的意義上，原住民自始至終是在尋求做為人身分的認同，即是族群的自稱是民族認同的基礎。也就是說，當我認同我族群的自稱時，即是在宣告我做為泰雅爾「人」的權利與義務，是無價之寶的。或者說，要做「真正的人」時，必須先認同其族群的自稱，才是做為「人」基本的權利。因此維護族名的權利，是捍衛族群生命延續的不二法門。

　　其次，是擁有傳統領域的「土地」與「自然」權。在原住民的概念裡，傳統領域，是指「土地」與「自然」兩大類，而且是分不開的。當台灣的原住民說擁有傳統領域時，泛指土地、山林、動植物、草木花類、五穀、溪水、空氣。常有人質疑原住民怎麼會有土地權外的自然主權呢？其實，在原住民的生存機制裡，具有濃厚「地域」性的歸屬感，以及與「自然」相互依存、和諧的機制。原住民不是要奴役土地、自然，也不是要控制她們，乃是在說明跟她們的關係。這種關係，建立在尊重她們為有生命的機體，人不能侵犯她們的生存權和不為人知的神秘權。有了尊重才能分享其資

源的供應，和雙方互惠依存的生活態度。所以，原住民視土地、自然為有生命的，如同人具有生命一樣。破壞了土地、自然生存的法則，就如同殺害了她們的生命。

　　殺害了土地、自然的生命，對泰雅爾族來說，是一個萬惡不赦的大罪。因為他破壞了土地、自然的生命，也如同毀壞了「上主的律法」（gaga na Utux）。其結果將會遭到天譴，諸如人到山上離奇失蹤，或被Utux抓走，遇難、受傷、被毒蛇咬死，嚴重者一旦土地發怒，天災地變連年發生，使部落民不聊生。所以天災地變、乾旱，造成五穀欠收，民不聊生，皆被視為上主在動怒（sm'ang utux）的象徵符號。因為，人不能破壞土地、自然的法則（Gaga），人也不能剝奪土地、自然生存的體系（Gaga），人再怎麼樣與土地、自然做天人之交戰，人總是土地、自然的手下敗將。雖然人很傲慢的說，我宰制了土地，但是，人的年歲不過是七、八十年，人就作古了，土地還依然健在。所以，泰雅爾族有很流行的一個諺語說：「mqyanux ta chin-bwa-nan ga, nyux ta mlpiung lhezen qani.」意思是說：「活在世上，我們只不過是這塊土地的客人。」

　　人不過是大地自然的「客人」，這樣的觀點，道盡了泰雅爾人對土地倫理的態度，也是族人世世代代非常重要的一種人生觀。人人都是土地、自然的客人，即使是泰雅爾族的原住民，也是大地之母的客人。以「作客」而非以「主人」的身分自居，乃是對大地之母的敬重。因此，原住民才有土地是「有生命的，是我們的母親」；山林是我們的「弟兄姊

妹」的觀點。這不像「土地公」那樣的民間宗教，把土地當作崇拜的神祇，而是對大地之母的無盡感恩。

　　再其次，是有關原住民唯一活路的自治權之問題。與自然、土地建立和諧關係的結果，是提供原住民族自治的生活空間。其自治的基礎，也是建立在尊重而不相互侵害的基礎上。舉凡原住民族之間的糾紛、殺戮，抑或原漢之間部落戰，無一不是源自於自治的基礎受到了威脅之結果。或許有人會說，原住民族過去沒有民族、國家的概念，而只是擁有部落的意識，因此，當今的原住民族只需要部落的自治，而不需要提升到民族的自治。雖然言之有理，但不了解原住民自治的內涵。因為就原住民族而言，自治的議題由部落意識提升到民族的自治。也就是說，自治的成熟度是有其成長的過程，部落充分享有自治的內涵，是供應民族意識與自治的淵源，也是活出原住民族生命之道。

　　原住民都知道，部落人最擔心的是，即失去部落的主體性，因為一旦部落的自主性落入外界勢力的掌控下，傳統部落的價值體系將全被瓦解，部落的制度與結構亦將質變，此結果原住民做部落主人的身分也將隨之式微，甚而主客易位，落入次要、頹廢的民族了。這不是說，原住民的部落，不需要外來勢力的挑戰與良性互動的影響，來提升部落生活的內涵。而是擔憂著，一旦外來強勢的勢力或統治政權，深入部落權利的核心，進而會掌控與侵占原住民部落的權力、結構。這樣一來，原住民部落社會結構的瓦解，不但會影響部落正常的生活機制，而且也將失去了原住民部落的未來。

因為當一個部落沒有自主權時，就喪失了其自決權。不管是原住民的部落，還是原住民的自治，擁有自主性的自決權，無疑是原住民族自治的最高內涵。沒有這些，原住民族與生具有的價值體系，就失去了它的生命力，其永續發展亦將宣告終止了。原住民自治的自主性，涵蓋了其政治、經濟、教育、文化生活等等權利的範疇。

　　台灣原住民族，若能在這些方面凝聚共識，並且成為時下原住民族社會運動的訴求內涵，有著不達目的絕不終止之決心。這樣，不但會找回原住民族所失落的靈魂和自我做主的機制，也會讓原住民族的生命有著永續發展的盼望。

## 3. 台灣原住民族自治可能嗎？

　　台灣「原住民族日」的設置，旨在提醒非原住民族統治者，不能再用殖民統治者的心態或以任何形式的同化，來制定原住民族的政策。原住民族要自治，首先，自己要去決定原住民族的未來，就當以原住民族群的尊嚴與永續發展為念，而凝聚共識來共同奮鬥，由原住民族自己去決定自己的未來，而不是任由非原住民的統治者自作主張。這是全球原住民族共同的信念，也是聯合國在2007年9月所通過的「聯合國原住民族權利宣言」基本的精神。所以，台灣原住民族絕對是可以自治的，只怕原住民自己放棄自治應有的權利。況且「聯合國原住民族權利宣言」第三、四條如此明定：

第三條

原住民族享有自治。依此權利，他們可自由決定其政
治地位，並追求其經濟、社會及文化發展。

第四條

原住民族行使自決權時，有關原住民族內部與當地事
務，及於資助其行使自治功能之方法與手段，享有自
治或自決權。[19]

　　因此，這個「宣言」中的「原住民族……享有自治或
自決權」，是台灣原住民族要自治最有力之「國際法」的法
源依據，也是保障原住民族自治的權利。據此，原住民對自
治，要有信心，沒有絕望的本錢，這樣原住民族自治，才有
可能成為事實。

　　其次，原住民族要把「享有自治或自決權」的信念，當
作原住民生存及永續發展的中心價值，也是台灣原住民族唯
一的活路。因為，根據全球原住民族的經驗，當原住民與非
原住民的國家權力對遇時，往往國家權力的價值觀，是扼殺
原住民族各項價值觀的「劊子手」。原住民當知道，一旦生
存經驗的價值觀與方式被征服了，原住民族的生命與靈魂，
就毀於一旦了。這是最可怕的現象，也是原住民的最痛。所

---

19　《聯合國原住民族權利宣言》（王雅萍編譯，行政院原住民族委員
　　會），3-4。

以，台灣原住民族數十年來提出「原住民族要自治」的口號，就是在滅絕的同化政策中，找出一種自救的活路。而原住民族自治，是全球原住民族時下咸認最符合原住民生存的方式，也是捍衛原住民族各項權利及價值觀最重要的堡壘。因為，只有原住民完全而有實質上的自治，才能夠與台灣政府建立「準國與國」、「夥伴關係」的政治實體。

再其次，原住民族自治端賴原住民族本身的意志力與決心。因為非原住民國家的權力，不可能平白無故的讓原住民自治，所以要展現原住民自治的意志力與決心。套用派曲克‧亨利（Patrick Henry）所說的話：「不自由，毋寧死」（Give Me Liberty or Give Me Death），台灣原住民族也當這樣說：「不自治，毋寧死。」因為，全球的原住民族已經知道，目前只有自治，才能保障原住民族真正的自由。在原住民族生存的體驗中，自由與自治，是不能分割的。事實上，在非原住民統治的國家裡，侵占原住民的自治，即在剝削原住民的自由。台灣原住民族也一樣，國家至今還在霸佔原住民族的自治，所以原住民族的自由亦遭箝制，讓原住民不斷的喪失應享有的各種自由的權利。就如「原住民族正名」之自由的權利，才在1994年8月1日，總統令修正公布第三次憲法增修條文，正式還給原住民。

這裡所說的意志力與決心，即是原住民族自己要以視死如歸的意志力，去爭取這種原住民族唯一活路的自治之權利，不能期待國家政府關愛的眼神，因為那樣只會讓原住民越期待越失望的。例如，「聯合國原住民族權利宣言」草

案，從1982年開始推動，已經二十七年了，依然未被聯合國的人權委員會批准。所以，全球原住民團體代表秉持著意志力與決心，原住民族代表團乾脆自己率先宣布該「宣言」。所以，在1994年7月28日在瑞士日內瓦開會，原住民自己通過了「原住民權利公約」，並且經過四十個以上原住民團體批准後生效，變成了現有的原住民國際法，也因為這樣，聯合國的會員國不得不在2007年9月13日一字不改的通過了「聯合國原住民族權利宣言」。另一個最好的例子，是嘉義鄒族的山美村的自治條例，在1989年山美鄒族族人自發性的提出全台灣首創的「河川自治公約」，經過山美村議會的公約中明文規定：達娜伊谷是山美村全村民的共同財產；拒絕財團投資開發；15歲至50歲的山美人，有義務保衛達娜伊谷。這樣的條約是違反國家的水利局、森林法、國家公園的風景管理法等，而使推動者送法嚴辦。但是由於他們的堅持，展現出他們的意志力與決心，終於使被認為違法的「河川自治公約」，就地合法地行使他們的「自治公約」。

因此，如果台灣原住民如法炮製的自行宣布原住民族的自治，並且宣誓原住民族自治的傳統領域，公開向台灣的國家進行良性的辯論，這樣，不但會加速原住民自治的合法性，也會引起國際社會對台灣政府的輿論及壓力，來支持台灣原住民族完全的自治。換句話說，台灣原住民族的自治與否，已經成為台灣政府人權的指標，原住民族自己要加快腳步，推動原住民族唯一活路的自治，這樣誰敢說，原住民族自治不可能呢？

拾貳

# 面對新的變局台灣原住民族自治推動的省思

　　在前面十一章的討論中，雖然各章的主題不同，但在詳細的閱讀下，不難發現到有一個穿梭在各章裡中心的主題，也是本書的中心思想，那就是台灣原住民族的生命在台灣要生生不息，族群能夠永續發展，自治絕對是原住民族唯一的活路。所以，推動自治，無疑是時下原住民族重大的政策，也是原住民族未來在國家體制內、外推動的中心價值。原住民族能不能達成自治的夢想，就要看看原住民族社會菁英的意志力，及其對原住民的忠誠度。因為，今日原住民族已經有了不少的政治人物，也有相當多的原住民學者，可以為了台灣原住民族的永續發展，一起去推動原住民族的自治。可是，我們還是很擔心那些原住民族的政治人物和學者，因為他們自己在政治與學者既得利益，及其背後黨國的操控下，會昧著良心而成為原住民族自治的「劊子手」，出賣了原住民族。

　　特別在台灣政黨惡鬥下，從2000年來，台灣已經有兩次政黨輪替的變局中，原住民族如何推動唯一讓原住民族有新的活路之政策，是今日原住民族不得不去深謀遠慮應對的。

換句話說，我們可以預測到，台灣政治的變局未來會是將趨於常態性，而且是期盼兩黨要有民主的風度和良性的競爭下，面對台灣政局情勢這樣新的變局，原住民族自治的推動，當有什麼樣的省思？原住民族對「台灣的主權在民」、「台灣住民自決論」，以及「使台灣成為一個新而獨立的國家」[1]之目的，會盡原住民族是台灣最初的主人之身分嗎？以下提供四個方向來討論。

## 台灣原住民族對「新而獨立的國家」之角色與使命

　　有關台灣新的變局，凡是身為台灣人都有他的角色與使命。在本文裡，我要從台灣原住民身分之一員，提出本人的觀點，就教大家。這個觀點，就是站在台灣原住民族的立場，如何看待時下「台灣新的變局」？原住民族為台灣「新而獨立的國家」，或台灣本土政權有付出什麼樣的角色與使命呢？

　　台灣在2008年3月22日的總統大選，由中國國民黨的馬

---

1　有關「使台灣成為一個新而獨立的國家」的主張，是台灣基督長老教會所堅持的神學與信仰。台灣基督長老教會，在2007年「人權宣言週年」的研討會中，就台灣基督長老教會人權宣言聖經與神學的論述，特編專集出書，論述豐富，是值得一讀為快的好書。參見高俊明等著，《台灣新而獨立的國家：台灣基督長老教會人權宣言聖經與神學論述》（林芳仲主編，台北：台灣基督長老教會總會信仰教制委員會，2007）。

英九、蕭萬長以7,659,014當選第十二屆正副總統，並且已在5月20日宣誓就職。而民進黨的謝長廷、蘇貞昌以5,444,949票，輸掉了台灣本土政權的繼續執政，這就是本文在這裡所說的台灣「新的變局」。[2] 對於這種「新的變局」，我們雖然非常的遺憾又失望，但是爲了確保台灣好不容易得來的「總統直接民選」之民主的成果，我們必須捍衛這種民主選舉制度，由現在起凝聚我們對「新而獨立之國家」的信仰情操，並聯合所有台灣本土政權的力量，在2012年的大選中再度要回台灣的政權，以推動實質上的「新而獨立之國家」。所以，面對台灣新的變局，我們不能怨天尤人，也沒有分裂或責怪別人的本錢，我們只有繼續推動認同台灣，盡速建立「新而獨立的國家」之目標，台灣人才有活路。

　　言及於此，是要原住民深刻的自我檢討，即當站在原住民族是台灣這塊土地原來的主人之立場，努力推動「使台灣成爲一個新而獨立的國家」之信仰。因爲，只有台灣成爲「新而獨立的國家」，原住民族實質上的自治才有可能，沒有本土政權的台灣新而獨立的國家，台灣原住民族自治的推

---

2　面對台灣「新的變局」，台灣基督長老教會總會於2008年6月2日在總會事務所舉辦了「面對新的變局台灣基督長老教會的角色與使命」的主題，但對象是總會的各幹部、幹事與部分的前輩，吳富雅、鄭仰恩、布興·大立、宋泉盛主講。在同年的10月3~4日，台灣基督長老教會又在世新大學的國際會議廳擴大邀請總會屬下教會參與「面對新的變局台灣基督長老教會的角色與使命」的研討會，以加強教內的台灣本土意識，來繼續推展本土政權推動，以來達成「使台灣成爲一個新而獨立的國家」之神學與信仰。

動，恐將胎死腹中，原住民族還是處在被邊緣化少數民族、漢人同化中，其結果，只有族群滅絕一途，而使台灣原住民族防不勝防。所以，原住民族本身也要努力去消弭「原住民是國民黨的鐵票」、原住民始終就是國民黨政權保衛戰的最忠實的堡壘、原住民教會是國民黨變相的「服務站」任何的疑慮。當然，原住民的教會也要好好的去反省，特別是台灣基督長老教會的原住民，當知道我們是屬於台灣基督長老教會，當有強而有力的台灣基督長老教會的信仰與精神，認同「台灣人民的苦難」，去建立台灣「新而獨立之國家」的政治神學。到今天為止，我們要很清楚的知道，台灣原住民教會不是任何政黨的「註冊商標」，也不是任何政治人物的「跟屁蟲」，除非是我們在信仰上自甘墮落，才會有那樣的狀況出現，不是嗎？所以，我們神學與信仰的立場，不是挺個人，而是挺全體兩千三百多萬的台灣人，我們所支持的，無關任何政黨的消長，而是要台灣正常成為一個新而獨立的國家。這是我們教會應有的神學與信仰的立場，也是我們該有的堅持。如果有哪一政黨、政治人物，有這樣相同的理念，就結合為台灣的命運共同體，一起為台灣奮鬥，去建立新而獨立的國家。[3]

　　對於這樣的信仰與精神，原住民族教會必須承認做得不夠徹底，所以也必須勇於接受各方的批評，裨益於檢討自己

---

3　這樣的神學與信仰的理念，需要原住民族教會去好好的反省，特別是做為台灣基督長老教會之一的原住民教會，當義無反顧的去實踐這樣的信仰態度。

的信仰，反省自己的神學。然而，若說「原住民是國民黨的
鐵票」，這樣對已經覺醒的原住民牧長與社會菁英是很不公
平的事。因為，就以原住民投給台灣本土政權的民進黨票數
來說，2000年將近有一萬票、2004年進步到三萬多票，可見
當年的原住民選票，已經發揮了關鍵的少數，延續了台灣的
本土政權，當年若沒有原住民的三萬多票，台灣本土政權第
二次的連任根本就沒有機會了。所以2008年我們很努力要達
到五萬多票，選舉的結果，不但沒有達到預期的目標，甚至
於還退步到只有一萬五千多票而已。這樣，讓我們不得不要
問原住民，為什麼如此呢？本土政權已經執政了，原住民為
什麼在重要的總統大選上不進反退呢？這是值得去研究的問
題，如果沒有去深入了解其原因，恐怕下一次的選舉會更慘
的。不要說原住民本身，連福佬人、客家人的選票，比原住
民的流失還要嚴重，讓我們各民族一起來檢討吧！

　　就原住民的流失的原因來說，依據各方的解析：民進
黨沒有好好經營原住民的地方政治；對原住民的政治人物有
厚此（被導正、綠皮藍骨）薄彼（對台灣的忠誠度）之嫌；原住民
的政治人物討好只顧官位忽視部落人的感受；在原住民族的
社會感受不到「堅持改革、深化民主」的作用；原住民的政
治參與侷限在原民會、考試委員、民意代表、最近才有一位
的駐外使節上，國營事業與民間組織一個都沒有；被泛藍媒
體誤導；易被賄選；玉神的校友抵擋不了教會裡的國民黨牧
師、長執、信徒的操控；總會的原宣與教社沒有積極的輔選
等等的因素，使原住民的選票大大的不如上一次的大選。

　　台灣原住民除了要自己正視這些問題外，面對新的變局原住民當有如下角色與使命：（一）診斷馬政府的「中國熱」與「終極的統一」，是繼續同化、消滅原住民的前哨站。（二）繼續批判馬英九就職總統演說中，隻字未提及原住民族，不把原住民當人看待的政策。（三）找回過去原住民族社會運動的精神，去推動「台灣政府與原住民族新夥伴關係」。（四）結合國內外的人權團體，落實「聯合國原住民族權利宣言」。（五）努力促使原住民族的歷史文化，成為台灣人歷史文化的根。（六）強力推動「原住民族自治」的原住民族政策，才是原住民真正的活路。當原住民族努力做到前述所說的六項要點時，實際上，也是在努力推動台灣基督長老教會所主張的台灣要建立一個「新而獨立的國家」之正常化。[4]

## 在邁向「新而獨立的國家」本土政權中原住民政策的空前政績

　　在全球原住民族共同的痛苦經驗中，一個國家錯誤的原住民族政策，不但會帶來原住民族的浩劫災難，也會招致族群的滅絕。所以，台灣原住民的菁英與台灣基督長老教會原宣和玉山神學院的校友，為了原住民族生存的權利與基本的

---

4　筆者所提出原住民教會這六項的角色與使命，亦見於布興‧大立，〈面對新的變局台灣原住民的角色與使命〉，《台灣教會公報》（2938期，2008/6/16~22）。

尊嚴和人權，在過去二十多年來，共同推動了原住民族的社
會運動，才有現在原住民族政策的一些成就。但是，我們必
須知道，我們只有固守這些既有的政策，相對的，要站在原
住民族永續發展與生存的尊嚴與權利的立場，去主導並不斷
的提出原住民族所需要的政策，是原住民族本身先決定原住
民族的政策，而非任由優勢民族或統治者為原住民族制定什
麼樣的政策。

　　在上一世紀末，由於原住民族的覺醒運動，對抗一黨獨
大而利用原住民政策，對原住民進行黨化、污名的教育與同
化並行的政策，以無所不用其極的漢化台灣的原住民，在那
個時候，原住民不但失去大量的土地、傳統的文化、語言的
傳承，「靠山吃山，靠海吃海」的自主式經濟，連原住民的
尊嚴與人權亦慘遭蹂躪。怪不得，原住民在當下普遍呈現出
自卑的心靈狀態，正如李喬所說的「自棄的原住民」。[5] 在
那個時候，原住民自己也認為如果原住民的政策沒有以原
住民本身的主觀意願為主，「原住民終將會成為歷史的名
稱」、「二十世紀是原住民的末日」、「黃昏的民族」[6] 等
等的悲觀的專有名詞。所以二十世紀末的原運是原住民政策
的衝撞期，即是不向同化與族群滅絕的統治者屈服，要生存

---

5　李喬，《台灣人的醜陋面：台灣人的自我檢討》（台北：前衛出版
　　社，1989），135。
6　「原住民終將會成為歷史的名稱」、「二十世紀是原住民的末日」是
　　玉山神學院的學生與校友所提出的憂患意識；「黃昏的民族」是由孫
　　大川以文學的筆法，說明原住民族在台灣快速的消亡。

就要抗爭到底的行動。就在這樣的意志下，原運也參與台灣民主與改革的運動，與台灣人共同尋求「台灣人自我當家做主人」的本土政權，[7]來尋求台灣建立一個理想的「新而獨立的國家」的目標，以致於在2000年的總統大選，由民進黨所推出的陳水扁勝出，台灣人因而藉著選票達成了第一次的政黨輪替。

原運和民進黨政權有著革命的情懷，原住民族的政策隨著首次的政黨輪替，有著空前的政績，是國民黨政權五十多年來不願意去推動，也是最忌諱去觸碰的問題，卻在民進黨短短的八年執政裡完成。我們可以這樣說，在本土政權邁向「新而獨立的國家」中，原住民政策有著空前的政績。如下以原住民的民族身分、土地的問題、原住民基本法、原住民族自治區法等四點來加以說明。

首先，台灣原住民族群做為民族的身分，即將「行政院原住民事務委員會」改為「行政院原住民族事務委員會」，並且進一步的恢復承認原住民的民族身分，民進黨政權可謂有很好的政績。特別是從國民黨政權否認原住民具有民族的身分，以及原住民族群逐漸式微的過程中，逐一地讓原住民族正名，才有了現在的十四個族群。[8]但是，還有極力要民

---

7　這裡所說的本土政權，很清楚的乃尋求「台灣人自我當家做主人」地使台灣建立一個「新而獨立國家」之目標，而非指要與中國「終極的統一」。

8　這十四個族群分別為阿美族、泰雅爾族、排灣族、布農族、卑南族、魯凱族、鄒族、賽夏族、雅美族、邵族、噶瑪蘭族、太魯閣族、撒奇萊雅、賽德克等族群。

族正名的平埔族群，政府當從寬恢復並從中協助其語言的復振，以尋回他們做爲台灣民族身分之一員的權利。就以原住民族來說，他們在台灣寶島上四百年來發展的權利上，因著外來族群的同化與滅族的政策而節節敗退。如同，原住民族在荷蘭時期，至少有五十三個族群以上。但是，到了日本時期，還剩下二十八個族群。到了國民政府時期，只剩下阿美族、泰雅爾族、排灣族、布農族、卑南族、魯凱族、鄒族、賽夏族、雅美族等九個族群。在當時，台灣原住民可謂險些遭到「全族」覆沒。好在，原住民長老教會與社會菁英的憂患意識，推動了原住民族的社會運動，且在台灣第一次政黨輪替之民進黨政府的加持下，分別讓邵、噶瑪蘭、太魯閣、撒奇萊雅、賽德克等正名爲台灣原住民族，才有了現在的十四個族群。也由於原住民的努力，以及很難得不分黨派的原住民立委在國會推動，將這個正名制度化下，立法院終於在2005年1月4日制定了原住民基本法，並在2月5日由總統公布之。對於原住民正名的法制化，原住民族基本法第二條這樣規定：

原住民族：係指既存於台灣而爲國家管轄內之傳統民族，包括阿美族、泰雅爾族、排灣族、布農族、卑南族、魯凱族、鄒族、賽夏族、雅美族、邵族、噶瑪蘭族、太魯閣族、撒奇萊雅及其他自認爲原住民族並經中央原住民族主管機關報請行政院核定之民族。

　　當然原住民正名的權利，還要擴及到原住民族的傳統的地名、山名、河川名、部落名等等，亦當全面性的正名。因為，那些名稱的背後，都有原住民生活的故事，每一個名稱都具有歷史的典故，需要予於保障，才是重視台灣原住民族人權的第一步。

　　其次，是原住民族土地的問題。在國民黨政權統治下，利用林務局、國防部山訓與戰略據點、觀光局的發展、水利局、國家公園處等等的公器，予取予求的霸佔原住民族世世代代傳承下來的土地，而且侵占的過程中沒有任何的買賣契約與賠償，以致於原來在日據所擁有的六十幾萬公頃，大量的流失，只剩下現有的二十幾萬公頃而已，這樣的結果讓原住民族成為現代的「城市獵人」。[9] 對這樣土地的問題，民進黨政權做對了兩件政策，在行政院原民會土經處擴編經費去調查、研究與彙編原住民族的傳統領域，而有了「部落地圖」的成就，以做為日後原住民族土地解編與原住民自治的法律依據。另外一點，即是主管原住民土地的內政部，在蘇院長任內已裁決相關原住民的土地，「得會同原住民族事務主管的同意，才能行使之」。這樣原住民的土地，不會無緣無故的被挪用，至少要經過行政院原民會的同意。不像過去

9　所謂「城市獵人」，是因為原住民族在土地大量的流失下，紛紛到都市謀生，詎料當局勞委會大量引進外勞政策，使原住民在城市就像獵人一樣，到處找工作，日夜吃重的工作也想要做，但並不一定會有工作。這種在城市找工作的原住民，如同獵人到山上打獵一樣，不一定會獵到動物的狀況。詳情參見布興‧大立，《原住民的台灣認同》（嘉義：信福出版社，1999年），64~65。

那樣，原住民的土地任由各部會使用與瓜分占有，來開發非為原住民利益的觀光、經濟、產業。

再其次，國會通過了「原住民基本法」。推動原住民族自治的原住民社會運動者，在第一次政黨輪替後有些已經在民進黨政府團隊入閣及成為其委員，或立委，其中也有在綠色主政的院轄市、縣政府做原民局層級的主委或局長等重要的職務。[10] 在這個政治氛圍下進入新政府體制內的原運，不免會讓人落入口舌說，推動原住民社會運動者，有政治利益與前途的考量，一旦入閣或被摸頭後，就失去原運者的資格。憑良心說，在台灣戒嚴時期，當我們推動原住民族各項權利的爭取，而發動原住民族社會運動時，講這些話的人不也是與統治者站在同一個陣線，說我們是「偏激份子」、「與匪串通」、「要被逮捕」、「思想有問題」的激進份子嗎？當原運者甘冒著生命的危險，也不怕被控危害社會治安，甚至於不畏遭羅織危害國家安全之罪名，推動原住民正名、自治、還我土地等等原住民各項的社會運動，說那種話的人，在那個時候，怎麼不出來聲援原住民呢？很清楚的，在那個時候，他們不挺原住民沒有關係，但他們不要站在壓迫原住民族的政權，來打壓原運呀！再說，有不少的原運者，沒有在體制內要求任何的職位，只盼望新政府盡速還給

---

10　原運做行政院原民會主委的有尤哈尼・伊斯卡卡夫特，並當過國策顧問，夷將・拔路也擔任過主委，並做過台北縣的原民局局長，趙貴忠做過高雄市原民局的主委，還有其他原運者約十餘位參與新政府不同的職務。

原住民族原有的部落自治而已。

　　我要說的是，原運參與新政府的團隊，能在體制內推動原住民族各項應有的權利，也有它正面的意義，也就是說，不管在什麼職場上，只要他們對原住民忠實，把原住民的利益、生存的尊嚴、民族的永續發展擺在前面，他們還是原住民的原運者。不要像一些政客，或御用的學者，背後有政黨的操作，一方面打壓原運，另一方面還一味支持過去不承認台灣原住民族，硬要把台灣原住民說成「中國人」之變相的原住民政策的政權。事實上，原運在新政府體制內，沒有忘記對原住民族的使命，把原運的精神帶進新政府裡，繼續推動原住民族的政策，而有著一番的大作為。比方說，母語文化的復振與推動，原住民在憲法上「民族」的位階，恢復五個族群的「族名」，行政院會率先通過了「原住民族自治區法」，原住民傳統領域的調查，五十五歲領取老年年金，原住民工作法保障的工作權，「原住民與台灣政府新的夥伴關係再肯認協定」，以及立法院正式三讀通過「原住民基本法」等等豐功偉業的空前的政策，這些大部分是舊政府不但不可能做到的，而且是最忌諱又最不願意去談的原住民族政策。當然，在政策執行面、實施細節上，尚有許多窒礙難行之處，需要當事者繼續去執行與推動。

　　特別是「原住民基本法」，好不容易立法院在2005年1月21日正式三讀通過，並於同年2月5日由陳總統正式公布施行，這是台灣原住民族劃時代的一項政策，也是漢人政府還給原住民族一個遲來的正義，符合「聯合國原住民族權利宣

言」（United Nations Declaration on the Rights of Indigenous Peoples）[11]
的精神與意義。簡言之，陳水扁總統在2000年總統大選前與
原住民運動朋友簽定「原住民族與台灣政府新的夥伴關係」
後，應原住民社運的要求與須再肯任，所以2002年擔任中華
民國總統任內的陳總統又簽署「原住民與台灣政府新的夥
伴關係再肯認協定」。在2005年1月21日，立法院正式三讀
通過「原住民基本法」，並於同年2月5日由總統正式公布施
行。所以，「原住民基本法」，可以說是源自於陳水扁總統
對原住民族一個正式的法律承諾。台灣政府若能落實該法，
對原住民族的民主深化、尊嚴的提升、人權的保障、自治的
實現，勢必漸入佳境，這樣不但提升國人的民主素養與發
展，而且成為世界原住民族人權政策的楷模。

　　再來，行政院會率先通過了「原住民族自治區法」。
雖然如此，我們還是覺得陳總統對原住民族新夥伴關係的承
諾，是誠心誠意的。因為至少有兩個跡象，需要原住民族把
握機會去推動屬於原住民族自己未來的自治。首先是前行政
院長游錫堃於2003年6月3日的行政院會中宣布積極推動「原
住民族自治區法」。他說：

---

11　此宣言過去稱為「世界原住民族權利宣言」，在聯合國通過了原住民
　　族權利宣言後，而稱為「聯合國原住民族權利宣言」。聯合國人權
　　委員會為了保護世界原住民族的生存與人權，從1985年至2007年，經
　　過長達二十二年的草擬、協商、遊說並推動後，在2007年9月13日第
　　六十一屆聯合國大會第107與108次會議中，以143國贊成、4國反對、
　　11國棄權、34國缺席投票結果正式通過了「聯合國原住民族權利宣
　　言」。

在我國民主化的過程中，除了要調和省籍問題，以及
客家和福佬間的族群齟齬外，更要面對如何與原住民
族進行歷史和解的課題，也就是陳水扁總統向原住民
族所承諾的「新夥伴關係」。具體而言，就是以平等
的方式來協商彼此的定位，以求排脫四百年來的內部
殖民狀態，並能讓原住民族以自己決定的民族方式來
治理自己，這就是民族自治的基本理念。[12]

　　對於這種「原住民族自治區法」草案提示文，我們肯定
行政院長認識到原住民族的自治，政府必須「要面對如何與
原住民族進行歷史和解的課題」，也就是以原住民族歷史為
基礎來建構原住民族的自治，並且「以平等的方式來協商彼
此的定位」。為此，爭議多時，而且幾乎不可能行之台灣的
「原住民族自治區法案」，在行政院會中，終於拍板定案，
行政院長游錫堃正式宣布，原住民自治區法是尊重台灣原住
民族的主體性，以及承認他們是台灣原來主人的一項法案。
該法案明定原住民各族可以依法成立自治區，實施民族自
治，原住民自治的時代與永續發展將來臨。

　　原住民自治的議題，是台灣原住民族三十年來社會運
動訴求的主軸，特別在1993年的世界人權日中，原住民走上
街頭，高喊「我們要自治，不要同化」、「我們是台灣這

---

12　參見前行政院長游錫堃於2003年6月3日行政院會中「原住民族自治區
　　法」草案提示文。

塊土地的主人」、「還我土地，爭取自治」等自力救濟的街頭運動。之後，原住民的菁英將自治的需求，轉向參與聯合國人權委員會屬下，「原住民人口小組」（Working Group on Indigenous Populations）每年一次的會議。因為，該工作小組，經過十年的研究報告，發現世界各地原住民的人權狀況極為嚴重，因而促使聯合國在1993年定為「世界原住民人權年」，並且在聯合國人權委員會底下設置防止歧視及保護弱勢者次委員會，由世界各國原住民族代表所組成的原住民工作小組，針對他們族群的現況及問題提出報告，經由聯合國的管道，建議各國政府重視並制定原住民人權相關之法律政策，以保障原住民人權。

　　所以，從聯合國人權委員會的角度看行政院所通過的「原住民自治區法」，雖然在層級上係屬公法，和協會、基金會相等，與原住民完全自治的需求落差太大，但在未來原住民族自治方向上，終於有了母法的依據。與其說行政院版的「原住民自治區法」，遠遠不及原住民族的主觀意願，倒不如說該法案極具原住民是台灣原來的主人之宣示，以承認原住民是台灣的原住民族，從來就不是中國人的自主性意義。因此，「原住民自治區法」不僅僅兼顧了原住民族的人權，以及尊重做為台灣原住民族的尊嚴，而且也呼應了聯合國推動世界原住民主觀意願的自治，與保障原住民人權的普世價值，為台灣原住民族的政策開創了新的紀元。這些空前的成就，是在本土政權邁向「新而獨立的國家」下逐漸做到的。

## 在現階段裡台灣原住民族自治政策的隱憂

　　儘管原住民族政策有著空前的進展，但好事多磨，在2008年的總統大選，又再次的政黨輪替，馬英九四個月來的各項施政，危機處理慢半拍、對重大事故沒有魄力，對中國恭維至極，輕慢台灣人的生命安全。難怪馬先生前往南投盧山勘查災害時，被同黨的原住民代表嗆聲：「作秀」，只會騙取原住民的選票。從520上任以來，傾向中國的政策下，很明顯的原住民族自治政策是令人擔憂的。不但會一反前朝的成果，而且「不把原住民族當人看待」的原住民政策。以下提供幾點討輪。

　　首先，雖然立院以三讀通過行政院組織法的「行政院原住民族事務委員會」之名稱中，原住民具有「民族」身分的法律依據，但在執行面上會不顧法律的依據，不把原住民當成是「民族」的看待，而峰迴路轉地又回到中國的「少數民族」之邊緣化的政策。換句話說，在馬先生「終極統一」的黨國思想下，他不會去承認原住民族群是台灣的民族。因為一旦承認原住民是台灣民族，就會喪失統治台灣的正當論。雖然台灣已經是民主化的政治，但是他仍然是以大中國沙文主義的「終極統一」來反對台灣人的民族主義。所以，尚未民族正名的原住民族群、或是平埔族，不可能期待他去承認。只有民進黨才能做到。

　　其次，在國民黨政權體制下，不會去推動也不會讓原

住民族自治的。大家知道原住民要享有充分的自由，必須尊重原住民在台灣千百年來的自由，即是還給原住民百分之百的自治體制。原住民要自治是原住民族數十年來的訴求，這不是由上而下的授意，乃是原住民自己思考未來的生存，所想到的能永續發展的一種方式，也是原住民族唯一的活路。這是非常可貴的想法，也是做為原住民人性尊嚴的最後一道的堡壘。因為原住民自治，會使原住民充分享有自我做主的機制，原住民的文化習俗、部落的意識、族群的完整性、語言的振興、自我的認同、民族的自信，也會因為原住民自我做主的機制，而不斷的深化與發展其內涵，來豐富原住民的生命。然而，「九劉」政府，不會讓原住民的自治如願以償的。雖然馬先生在競選期間提出，要先試辦原住民的自治的政治承諾，但選上後卻不了了之。況且，在國民黨絕對優勢的國會殿堂上，直到現在將原住民族自治的法案，仍冰凍在院會的法案中，蓄意地不排在議程來討論與審查。

　　再其次，行政院原民會編在土經處的經費，轉移在教文處裡，停止專人去調查、研究與彙編原住民族的傳統領域和部落地圖。因為國民黨知道，原住民族自治區需要把原住民過去所擁有的土地，以及傳統領域的土地還給原住民。如果停止原住民正在進行調查、研究的部落地圖，那麼原住民族自治的法律依據就不成立了。雖然民進黨政權下的行政院會所通過的原住民自治法，有諸多不符合原住民百分之百自治區的需求，但這是一個起點，需要行政院原民會、原住民的國會議員、原住民的知識份子積極去補拙、增修，讓原住

民自治的時代早日到來。但是在國民黨重新執政以來，未見
其國會議員和行政單位積極的推動，連自治的聲音都沒有，
恐怕原住民族自治的浪潮就此會漸漸的式微，令有心推動原
住民族自治者，情何以堪？這樣，如果當事者不是有心如此
做，難道還有其他的不爲人知的隱情嗎？這很顯然對原住民
族自治的推動進行一種政策上的打壓，不是嗎？不用在這裡
強辯，這是國民黨政權對原住民政策「以夷制夷」一貫的伎
倆。

　　再來，原住民族好不容易主導南島民族論壇，因外交
休兵骨牌效應疑擴大，行政院原民會2008年4月在帛琉與八
國共同設立的「南島民族論壇」恐生變！政黨輪替後，外傳
原民會研議裁撤此一常設性組織，我方至今積欠近五個月、
四千美元的辦公室租金。行政院原住民族委員會爲打造台灣
成爲南島民族文化的重鎮，致力南島民族傳統文化的研究、
傳承與創新。因此從2002年起每年召開與南島民族議題有關
之國際會議，在2002年南島民族領袖會議發表「南島民族
領袖台北宣言」，2003年舉辦「南島民族國際會議」，通過
「南島民族論壇」章程草案。在2007年又在私立輔仁大學的
協助下舉辦「2007年南島民族論壇」，期盼透過南島原住民
族傳統知識與智慧財產權的對話，來促進南島語系國家間政
治、社會、經濟、文化之發展，期能建構緊密的南島語系民
族網絡，以提升全球大眾對台灣南島文化之認知與尊重，並
盡台灣原住民族國民外交的責任。

　　總之，國民黨政權原住民族的政策，是以選票、同化、

奴化原住民爲考量的政策，所以充足教育文化、社會福利處
的經費，以補助原住民族之看見的需求，是最直接獲得原住
民感動與支持，也是鞏固國民黨視原住民爲其鐵票最捷徑的
政策。所以，要在國民黨執政下做出原住民族一勞永逸的自
治政策，幾乎比登天還難。

## 在台灣新的變局中
## 如何繼續推動台灣原住民族的自治？

　　誠如前述所言，台灣政黨輪替的變局將會有可能趨於常
態性，台灣的民主政治也會隨之深化。台灣原住民族自治的
政策，在這樣的變局裡要如何去推動呢？當然前面有一些討
論，但是爲了原住民族的自治早日實現，台灣原住民族不得
不用一些非常的步驟去達成。因爲，原住民族如果沒有一個
積極的策略，去推動自治，恐怕自治的夢想，只在「只聞樓
梯響，不見人影來」的幻想中。所以，筆者概要的提出如下
幾點有關原住民族自治推動的方向，以表達原住民族自治的
意志力，非要自治不可的決心。畢竟，自治是原住民族唯一
的活路。

　　首先，原住民族心靈的建設。就如眾所皆知，原住民
族是台灣原來最初的主人，至少在四百多年前，台灣是原住
民族群的世界。在那個時候，個個都是有尊嚴的原住民族，
自我的認同非常的強。但在荷蘭、西班牙、清朝帝國、日本
帝國、國民黨、優勢的民族相繼侵占台灣後，原住民族所擁

有的優勢與自信，不但大量的流失，連捍衛原住民強而有力的認同心，亦被殆盡。特別在國民黨政權五十多年一黨獨大的高壓式之教育與統治，所採取的「山胞平地化」來漢化、同化原住民的政策，並且又以黨國的思想教育與強迫灌輸對「中國人」的認同及洗腦下，產生了台灣原住民族自我認同上的弔詭與迷惘。

原住民族長期在這樣弔詭與迷惘的潛移默化下，在心靈上患了嚴重的自卑感，不認同自己是「優秀的民族」，反而半路去認同那個非親非故又非血緣關係的「中國人」，真是太荒唐了。更可怕的是，「中國人」是具有毀壞民族平等的大沙文主義、「吃定」民族的政治性格，以及「笑裡藏刀」的人格特質，原住民族至今還是渾然不知，令人百思不解。

所以，建設原住民族的心靈，極其重要。在這方面，原住民教會、知識份子、政治人物、行政院原民會，甚至於各級的公教人員，應該摒棄黨派個人的利益，共同攜手合作地來建設原住民族的心靈。即是推動原住民族是台灣民族、最初的主人之歷史的財產，認同我們是台灣的原住民族，我們以原住民族的身分為榮，根本就不是什麼「中國人」，也從來不是「中國人」。我們雖然是台灣極為弱勢的民族，[13] 但

---

13　原住民族的總人口，在2008年6月底原住民人口數在台灣2300萬中，只有48萬9千人，占總人口之2.1%。這樣，雖然原住民人口十年來增加23.4%，遠較總人口之增加4.9%為高，所占的總人口數只有總人口之2.1%而已。因此，台灣原住民族不只是少數民族，也是少數民族中的弱勢民族。

弱勢並不可恥。豈不知，世上最可恥的民族，莫過於因爲弱勢而放棄自我的認同，而去認同那傷害又毀滅他們的民族。因此，加強原住民族的認同，厚植原住民族台灣意識的教育，不僅是建設原住民族心靈的當務之急，來拾回原住民族的自信心，更是贏得台灣優勢民族台灣人的尊重。

其次，推動原住民族覺醒與自決的民族教育。前一段所陳述的建設原住民族的心靈，看來好像與原住民族的自治沒有任何的關係，只要原住民族好好生存來就夠了，還需要什麼自治。這樣說，好像很有道理，其實不盡然是那樣的，因爲一個民族的生存與族群的永續發展，取決於「民族的自決」，此即在第一次世界大戰後美國總統威爾遜（Woodrow Wilson）1918年所提倡的。威爾遜指出每個民族都有權決定自己的命運，無論任何人都不能干涉，也不能剝奪每個民族的生活、教育、道德、習慣、語言、文化等的基本權利。[14]這樣的民族自決論述，即在支持原住民族有權利去決定「民族自治」的基本權利，並不是非原住民族的台灣政權來決定。所以，建設原住民族的心靈，讓台灣原住民對自己的認同及其未來的生存方式有信心，這樣對台灣原住民族尋求民族的自治，有利於原住民族的發展，而不是等著統治者所給予原住民族什麼樣的政策。

進一步的說，一旦台灣原住民族擁有了身分的認同，重

---

14 Arthur R. Link, *Wilson the Diplomatist: A Look at His Major Foreign Politics* (New York, New View Points, 1974), 116~117.

新拾回了民族的自信與尊嚴後，就會關心自己及其子子孫孫的前途，也會赴湯蹈火地去爭取自己生存的基本權益，更會珍惜自己族群自決的「民族自治」，而且對於台灣政黨之間的是非與利益，會有明智的判斷力。所以，自信與尊嚴是民族覺醒的基礎，而覺醒的民族就有自信去決定自己民族的生活方式，也擁有權利決定其族群的未來。可見，覺醒與自決是做為一個民族最基本的權利。

從這樣的論述可知，覺醒與自決是今日原住民族所需要的人權思想與民族教育，但是這樣的教育，不但沒有在國家教育體制內作，做為民族教育的主題，連起自原住民族覺醒與自決所提出的「原住民族自治區法」，在絕對優勢國民黨的國會裡，至今仍然封存在院會的法案中。這樣看來，由原住民族自己覺醒與自決所推動的「原住民族自治區法」，在國民黨的政權中，不會有結果的。所以，原住民族自己要自我做覺醒的教育，認清國民黨的本性：她要原住民族對她服從，但是她不會給予原住民族所需要的「原住民族自治區法」，她要原住民族的忠誠，但她不會讓原住民族成為當家做主人的機會。因此，原住民族覺醒與自決的另一個意義，在於覺悟到哪個政黨阻擋「原住民族自治區法」，那個政黨就是切斷了原住民生存的唯一活路；哪個政黨不讓原住民族有當家做主人的機會，那個政黨就是抹殺原住民族生存的基本權利。這樣原住民族還要對她忠誠嗎？

再其次，原住民族自治對台灣建立「新而獨立的國家」之益處。雖然原住民族的自治，在現階段的政權變局裡會有

窒礙難行之處，但是原住民族在生存上沒有絕望的本錢，只有努力不斷的向漢系民族的國會議員、政治人物、不同的政黨遊說，總有一天自治區的願望會成爲事實的。因爲「原住民族自治區法」需要立院三讀通過才得以成立，所以，原住民族要動動頭腦，如何去說服漢系民族的支持？

台灣原住民有義務向台灣的優勢民族說明，原住民族自治對台灣建立「新而獨立的國家」有何助益？原住民族成立自治區，有益於台灣人當家做主的政治實體嗎？當然肯定的。在這方面，原住民有自治區具體的說帖，才能說服台灣優勢民族的支持。事實上，原住民族一旦成立了自治區，在某種意義上，等於確認了台灣原住民族從來就不是中國人。進一步地說，台灣就是台灣，中國就是中國，台灣從來就不是中國的一部分。這樣，原住民族的自治區，成爲建立台灣「新而獨立的國家」在形式上、實質上的法理依據。

台灣原住民族成立了自治區，即在行使「聯合國原住民族權利宣言」的要求。如同該宣言的第四條明定：「原住民族行使自決權時，有關原住民族內部與當地事務，及於資助其行使自治功能之方法與手段，享有自治或自決權。」[15] 因此，當台灣的政府，完全的行使原住民族自治時，不僅會讓國際社會讚賞，亦將贏得各國的友誼，進而終將支持台灣進入聯合國的。由此可見，台灣原住民族成立自治區，是最具

---

15　行政院原住民族委員會，《聯合國原住民族權利宣言》（王雅萍　譯），34。

體的國民外交。支持原住民族成立自治區，就是在推動台灣
的國際外交。當然，原住民族自治區，還有其它的好處。諸
如：台灣族群的和諧、原住民守護山林土地、護溪水魚類等
等的好處。台灣原住民族成立自治區，對台灣好處多，需要
台灣人共同去推動

　　結論來說，當覺醒的原住民族已經行使其自決權，並確
認自治是原住民族唯一的活路，而在努力推動原住民族的自
治區時，做為台灣的優勢民族當義不容辭地支持，挺原住民
族自治區到底。我相信，會有很多的台灣人，像黃昭堂那樣
的心懷支持原住民族。正如他這樣說：「台灣獨立運動者，
台灣民族主義者應該更加將其精力與誠心放在原住民族這方
面。這並不困難，只要大家認同原住民，公開承認原住民是
台灣人的母親。我們應該懺悔道：『我們太恭維父親們，而
忽視母親們太久了。母親！我們對你不起！』」[16] 原住民不
需要你們的懺悔，也沒有要求道歉，你們「只要大家認同原
住民，公開承認原住民是台灣人的母親」，已經足夠了。我
們最需要的是，將你們這份的心，轉化成為推動原住民族完
全的自治區，讓原住民族因為自治走出一條活路，與大家一
起推動台灣獨立建國運動。

---

16　黃昭堂，《黃昭堂獨立文集》（台北：前衛，1998），163。

# 台灣國民文化運動

## Let Taiwan be TAIWAN

　　台灣人應該覺悟，台灣建國之路，絕不能完全寄望在政黨與政治力量。台灣主體性的根源問題以及台灣國民靈魂的集體形塑和進化，是國家永遠不可動搖的基石，應該從文化奠基，經由社會覺醒才能真正實現。

　　讓台灣成為主權獨立的新國家，讓台灣人受到世界各國的尊敬是台灣運動者的最高目標。在當下媒體與教育的生產和市場價值體系仍受中國文化種族主義信仰的管控下，必須重新啟動台灣知識文化的第二波心靈改造進化工作，重新建構台灣人主體性文化符號價值的生產與市場價值體系，以形塑一代接一代台灣人的靈魂品質。基於此，我們發起「台灣新文化知識運動」，希望海內外台灣人共同為台灣文化根源的生命力播下種籽，直到開花結果。我們建議各位台灣志士共同以下列方式，一起努力。

一、寫作並發表培育台灣人意識，或啟蒙人類共同普遍價值的心　得或研究。

二、發行推動本運動的刊物及網站。

三、捐助推動本運動的資金。

四、每年至少以台幣一萬元購買台灣文史書籍，強化台灣意識。

五、過年過節希望以送書取代禮物。

六、普遍設置家庭圖書館。

七、成立社區讀書會的結盟組織。

# 台灣國民文化運動

## 黃文雄(Ko Bunyu)敬致海內外有志書

各位兄姊前輩：

　　歷經戰後的60年，建構今日台灣社會的，無疑仍是國民黨的黨國體制和中國的傳統文化，因此，即使政權已經輪替，朝野之間政治、社會的改革仍然未竟其功，吾人對現政權不能抱持多大期待之處，仍所在多有。

　　的確，今日台灣社會，是依各種各樣社會、時代背景的要因建造起來的，其中最具強大影響力的，就是完全由中國人執其牛耳的教育及大眾傳播媒體，那是今日台灣實質上的第一權力。現政權也因汲汲於迎合這些歪曲的言論而左支右絀。

　　不用說，環繞著目下台灣的內外情勢，台灣自身也是問題重重，從台灣人自身的認同問題起至做為國家的國際認知問題，台灣要面對的21世紀的課題確實很多，因此，吾人迄今為止，對以上的諸問題，非加緊努力不可。

　　就此，數年來，吾等在海外有志之台灣人，一再檢討、討論的結果，獲得了台灣問題相較於政治面而言，文化面實在更為切要的結論。擁有共同的普遍的價值觀固然重要，比此更重要的台灣人的主體性、更進一步的台灣人意識的養成才是先決的要務。

　　培育受世界尊敬的台灣人當然必要，但是決非容易之事，這一點，我們也知之甚詳。

本來，這是政府應該做的事情，但是，我們實已不再冀待，於是，我們認為作為一種運動，非致力於所有力量的集結，並考量其意義不可。

人的培育，也應從青年開始，更進一步推及到從幼少年開始。

沒有大眾媒體的我們，打算從小眾媒體出發。

所以，我們決意從台灣國民文化運動開始，以台灣人意識育成運動做為母體，集結所有的力量來踏出我們的第一步。經過數年的嘗試錯誤，從「抱持台灣魂魄」的「新國民文庫」的刊行開始，慢慢地充實這個運動的內容，一邊展開眾意的尋求和凝聚，這就是我們預定要做的事情。

以下三件，是有賴於諸位兄姊前輩具體協力的事項：

一、寫作並發表培育台灣人意識，或啟蒙人類共同普遍價值的心得或研究。

二、協助推動發行本運動的刊物。

三、捐助推動本運動的資金。

有關第三點，以日本及美國的有志之士為始，我們已經獲得50多人的支持，目前贊同人數正不斷遞增中。我們誠盼希望能在2008年底達到100人以上的陣容規模。


以上，還乞諸位兄姊前輩不吝惠賜有關推展本運動的具體的卓識高見。

衷心祈願您的協力與參與。

黃文雄一同　拜上

# 台灣國民文化運動
## 【新國民文庫】出版基金

**主催**：黃文雄（Ko Bunyu）

**計劃**：本著台灣精神・台灣氣質意旨，五年內將出版100本台灣
主體意識、國民基本智識、及文化教養啓蒙書。

**參與贊助基金**：每單位日幣10萬元、或美金1千、或台幣3萬以
上。

**贊助人權益**：基金贊助人名單將於每本新國民文庫叢書上登
載。並由台灣國民文化運動總部製頒感謝狀一
幀。贊助人可獲台灣國民文庫陸續出版新書各1
部，享再購本文庫及前衛出版各書特別優惠。


**日本本舖：黃文雄事務所**

〒160－008日本東京都新宿區三榮町9番地

Tel：(03)33564717　Fax：(03)33554186

e-mail：humiozimu@hotmail.com

**台灣本舖：前衛出版社**

10468台北市中山區農安街153號4F之3

Tel：(02)2586-5708　　Fax：(02)2586-3758

e-mail：a4791@ms15.hinet.net

http://www.avanguard.com.tw

# 提昇沉淪一瞬間

作者：徐永明

定價：300元

　　台灣的歷史走向在最近幾年表現出巨大的變化，有令人振奮的，也有扼腕不解的，呈現混沌不確定的未來。

　　面對這樣的曲折路徑，本文蒐集作者過去幾年的政論文章，除了釐清這個道路與期待的交纏現象外，　也紀錄台灣這個提昇沈淪一瞬間的歷史關頭，留下一個不只是政論的個人觀察與學習的紀錄。

# 型塑台灣人的精神

作者：世台會

定價：250元

　　台灣人的性格，在謙卑、超然中，夾雜著懦弱、膽怯，無法對國民黨外來政權的歷史劣行進行清算，六十多年後依舊載浮載沉在權利與欲望的漩渦之中。科索沃、東帝汶的獨立建國，看在廿一世紀的台灣人的眼中，如此理所當然，卻又宛若天方夜譚，台灣人獨立建國的勇氣究竟在哪裡？……

# 民主與統獨論

作者：李永熾

定價：350元

　　造神！國民黨拱馬英九爲神，貶陳水扁如過街老鼠。假象！國民黨右手企圖造謠陳水扁貪腐，左手則拼命塑造馬英九清廉。汙衊！國親變相引發柔性政變，不間斷地羞辱陳水扁。

　　轉型正義的精神轉換並沒有完成，以致回歸兩蔣時代的威壓安定，反而喚起了既得利業者與權貴們的鄉愁。人民在承受不了統黨統媒的一波波聲浪下，心裡極端想重回威壓下的安定，而形塑成一種「逃避自由」的畸形怪象……

# 黨產追緝令

作者：楊士仁

定價：250元

　　不當取得的黨產是民主憲政發展的毒瘤，而國民黨龐大的資產一直是媒體及民眾撻伐的對象。本書以近二十個案列，深入剖析國民黨掠奪國產、黨庫通國庫的不法行為。從1949年國民政府來台，將日治時代結束所遺留下來的日產，從接管者逐步轉為所有權人。二〇〇八年「討黨產」公投雖未克竟其功，但追緝國民黨不當取得的黨產，仍是台灣邁向公平選舉不可或缺的一環……

# 台灣建國

作者：宗像隆幸

定價：350元

　　如果台灣獨立史的篇幅僅容提及一個日本人，那個名字就是宗像隆幸。論功勞、論苦勞、論資歷、論輩分，宗像皆可列名「台獨大老WHO's WHO」。

　　現在，這位傳奇人物終於下筆了，非凡的獨立歲月躍然紙上，再次動盪光采：故事是從1959年的東京開始的，一個神往古代希臘為爭取自由而與超級大國波斯作戰的日本大學生，遇見來自台灣的留學生許世楷……

# 人文台灣的幸福夢

作者：葉海煙

定價：280元

　　台灣，我們的家、我們的國、我們永遠不離不棄的母土，兩千三百萬人理當如此輕喚，如此低吟。而如今在台灣面臨又一次歷史抉擇的這個時候，我們是理當立即奮起，不再憂傷，不再哭泣，昂然舉身迎向黎明的亮光。此外，在這低迷的氣氛中，我們仍然必須警覺：是否我們的「台灣認同」依然不夠堅定、不夠厚實、不夠飽滿？而我們是否還沒有把「台灣認同」從土地認同、文化認同、社會認同，提升到「國家認同」的高度？……

國家圖書館出版品預行編目資料

自治是原住民族的唯一活路／布興‧大立（高萬
金）著 -- 初版.-- 台北市：前衛，2008.09
280面；15×21公分

ISBN 978-957-801-602-6（平裝）

1. 民族自決　2. 地方自治　3. 台灣原住民

571.113　　　　　　　　　　　　　97018679

# 自治是原住民族的唯一活路

著　　　者　布興‧大立
責任編輯　周俊男
美術編輯　宸遠彩藝
出 版 者　台灣本鋪：前衛出版社
　　　　　　10468 台北市中山區農安街153號4樓之3
　　　　　　Tel：02-2586-5708　Fax：02-2586-3758
　　　　　　郵撥帳號：05625551
　　　　　　e-mail：a4791@ms15.hinet.net
　　　　　　http://www.avanguard.com.tw
　　　　　　日本本鋪：黃文雄事務所
　　　　　　e-mail：humiozimu@hotmail.com
　　　　　　〒160-0008 日本東京都新宿區三榮町9番地
　　　　　　Tel：03-33564717　Fax：03-33554186
出版總監　林文欽　黃文雄
法律顧問　南國春秋法律事務所林峰正律師
總 經 銷　紅螞蟻圖書有限公司
　　　　　　台北市內湖舊宗路二段121巷28、32號4樓
　　　　　　Tel：02-2795-3656　Fax：02-2795-4100
出版日期　2008年9月初版一刷
　　　　　　2009年3月初版二刷
定　　　價　新台幣300元
©Avanguard Publishing House 2008
Printed in Taiwan　ISBN 978-957-801-602-6